Christian Ruby
*Einführung in die politische Philosophie*

Christian Ruby
*Einführung
in die politische Philosophie*

Aus dem Französischen
von Bernd Schwibs

Verlag Klaus Wagenbach   Berlin

Die französische Originalausgabe erschien 1996 unter dem Titel *Introduction à la philosophie politique* bei Editions La Découverte in Paris.

Wagenbachs Taschenbuch 291
Deutsche Erstausgabe

© 1996 Editions La Découverte, Paris
© 1997 für die deutsche Übersetzung:
Verlag Klaus Wagenbach, Ahornstraße 4, 10787 Berlin. Umschlaggestaltung Groothuis+Malsy, Bremen, unter Verwendung eines Photos von Jacques-Henri Lartigue, Rouzat 1910. Autorenphoto Archiv Verlag Klaus Wagenbach. Das Karnickel auf Seite 1 zeichnete Horst Rudolph. Gesetzt aus der Plantin (Berthold) durch die Offizin Götz Gorissen, Berlin. Gedruckt auf chlor- und säurefreiem Papier und gebunden durch die Druckerei Wagner, Nördlingen. Printed in Germany. Alle Rechte vorbehalten
ISBN 3 8031 2291 0

# Inhalt

*Einleitung: Von der politischen Philosophie* 7

*Die Würdigung des Politischen in der griechischen Philosophie* 11
Die Funktion des Worts 12   Der Bezug auf die Ordnung der Welt 15   Die Figur der Gerechtigkeit 17   Die Kallipolis (schöne Stadt) nach Platon 19   Die Definition der politischen Regierungssysteme 22   Die Staatsverfassung des Aristoteles 24   Der Staatsbürger und die Rhetorik 27   Die Sklaven im Garten Epikurs 30   Von der griechischen *polis* zur römischen *civitas* 32   Philosophie und Politik 35

*Kirche und Politik in der mittelalterlichen Theologie* 37
Die Herrschaft des göttlichen Gesetzes 38   Der Gottesstaat nach Augustinus 39   Die Funktionen der Kirche 41   Die islamischen Grenzgänger 44   Vom Richter-König zum Gesetzgeber-König 46   Die politischen Regierungsformen nach Thomas von Aquin 49   Gott, die Kirche und der König 51   Die Funktionen des Papsttums angesichts der Neuen Welt 53   Die Formulierung des göttlichen Rechts bei Bossuet und Filmer 56   Volk und Theodizee nach Leibniz und Fénelon 59   Das Streben des Mittelalters 62

*Die Moderne und die Einheit durch den Willen*
*(16.-18. Jahrhundert)* 64
Die von Bodin ausgelöste Debatte über die Souveränität 65   Gewalt oder Vernunft 67   Der Status des Staats nach Machiavelli 69   Von der freiwilligen Knechtschaft zur Utopie 71   Die Analyse der symbolischen Funktionen 74   Die Verurteilung des Aberglaubens nach Spinoza 76   Die Erfindung des Naturrechts 78   Die Fiktion des Naturzustands: Hobbes, Locke 81   Dem Naturrecht entkommen: Montesquieu 84   Andere Fundamente der Demokratie: Hume 86   Der Bürger-Gesetzgeber nach Rousseau 87   Die Ausübung der Staatsbürgerschaft in der Analyse Condorcets 89   Innerer und äußerer Frieden in Kants Republik 92

*Die Politik und die geschichtlichen Kräfte (19. Jahrhundert)* 95
Politisches Handeln und Geschichte 96   Demokratie oder Knechtschaft: die Ideologen 98   Eine republikanische Philosophie: das Beispiel Renou-

vier 101   Die liberale Freiheit John Stuart Mills  103   Die große Hegelsche Erzählung vom modernen Staat  105   Das positivistische Modell von Auguste Comte  108   Die Figur der Nation: Herder, Fichte, Renan  110   Die soziale Frage: Wirtschaft und Philosophie  113   Der romantische Sozialismus: Saint-Simon, Fourier  116   Der Sinn für die Praxis bei Proudhon und Marx  118   Politik und Geschichte bei Marx  120   Die Geburt der Sozialwissenschaften  122

*Die Erosion des Politischen im 20. Jahrhundert*   125
Die Völker im Angesicht des Friedens und der Kriege  126   Das Begreifen der totalitären Staaten: die Frankfurter Schule  129   Der engagierte Mensch: von Benda zu Sartre  133   Überzeugung oder Kompetenz? Von Sartre zu Foucault  136   Die Demokratien nach dem Totalitarismus: Popper, Gadamer  138   Öffentlichkeit und die Philosophie von Habermas  141   Die wieder ernstgenommenen Bürgerrechte: Rawls, Dworkin  142   Neu überdachte Begriffe: Handeln, Politik, Klugheit  143   Das Problem der Macht nach Foucault  147   Das Ende von Geschichte und Politik  149   Eine politische Philosophie für das ausgehende Jahrhundert?  152

*Schluß: Überwindung der Gegenwart*   154

*Literatur*   157

# *Einleitung*
## *Von der politischen Philosophie*

Im Verlauf ihrer Geschichte hat die politische Philosophie ein bestimmtes Vokabular, Analyseperspektiven, Verweise entwickelt, die einem geläufig sein müssen, will man politische Werke verstehen und als Staatsbürger relevant handeln. Das folgende Buch stellt diese Ergebnisse in ihrem Kern dar, jeweils unter Hinweis auf Quelle und Gebrauch.

Dem Anschein nach hält sich diese Einführung in die politische Philosophie gemäß einem schlichten Kunstgriff an die Chronologie. In Wirklichkeit ist sie um ein zentrales und auch in unseren Tagen noch lebendiges Spannungsverhältnis aufgebaut. Dieser Gegensatz trennt entschieden jene Philosophien, die die Politik in bezug auf eine Transzendenz denken – dies trifft auf Platons »ideale Polis« wie auf Jerusalem in der mittelalterlichen Theologie zu –, von den anderen – dies gilt in massiver Weise für die »Moderne« –, für die die Politik sich für das Entstehen, das Eintreten einer Zukunft einsetzt.

Auch wenn die einen wie die anderen von der Weigerung ausgehen, das Gemeinwesen und den Staat als gegebene Tatsachen anzusehen, und sich fragen, wer wesentlich für die gesellschaftliche Einheit Verantwortung trägt, haben die hier referierten Ergebnisse auf das Handeln, die das Gemeinwesen oder das Volk strukturierenden Beziehungen, die Funktionen des Volkes, der Gesetze und der Autorität oder aber auf die Kritik der alltäglichen Politik jeweils andere Auswirkungen.

Indem sie die vielfältigen Formen des in Konformismus verwandelten Konsens aufbricht, hält die politische Philosophie häufig das Feld des Politischen offen. Sie ist darauf bedacht, fortwährend an die primäre Realität gesellschaftlichen Lebens zu erinnern: Es gibt Vielfältiges, die Menschen werden durch eine Vielzahl von Interessen, Meinungen angetrieben. Diese Mannigfaltigkeit sollte nun weder in dem Maße Angst auslösen, daß ihr mit der Auferlegung einer äußerlichen Norm oder einer angeblich vorgegebenen Einheit begegnet wird, noch sollte sie in einem Maße zelebriert werden, das dem bestimmungslosen Abtriften Vorschub leistet. Wichtig ist zu erklären, wie und warum es wünschenswert ist, mit diesem Vielfältigen das (lebendige) Eine zu bewirken: ein »Eines«, das der unendlichen Bewegung einer konfrontierten Mannigfaltigkeit, einer aktiven Pluralität seiner eigenen Vermittlung entspricht.

Kann politische Erkenntnis und politisches Handeln denn ausgeklammert, kann geleugnet werden, daß die Situationen von schreiender Ungerechtigkeit wenn möglich umgestaltet werden müssen? Trotz zufriedener Reden weigern wir uns zu glauben, daß wir nichts an der bestehenden Ordnung der politischen Welt ändern können. Vorschläge erarbeiten, die Ziele und Zwecke dieser Welt aufklären und sie transformieren: dies bleiben immer noch Zielsetzungen.

In diesem Buch geht es nicht darum, eine Enzyklopädie, ein politisches Programm oder ein System der politischen Philosophie zu erstellen. Vielmehr handelt es sich darum, sich wieder einige Markierungen der abendländischen politischen Philosophie anzueignen, um den Bürger, der sein Wort politisch einsetzen will, mit dem Beitrag der älteren Debatten zu unterstützen und dem Studenten Stoff zu liefern für seine Analysen der Macht, des Staats, des Lebens in der Gemeinschaft. Diese Markierungen – Problemstellungen und Thematiken –, im Blick auf unsere Gegenwart dargelegt, stellen Dispositive des Denkens dar, Dispositive von Fragen und Textinterpretationen.

Wenn wir von einer politischen Philosophie zur anderen vielfältige Formen der Wiederkehr feststellen – bestimmte Fragen, die immer wieder aufgeworfen werden, Quellen, die wiedergelesen und umgewandelt werden, unterschiedliche Objekte, die mit denselben Worten betrachtet, und gleiche Objekte, die unterschiedlich verwendet werden –, dann wollen wir gewiß nicht vom (notwendigen) Überholt-, Veraltetsein aller Dinge Rechenschaft ablegen; vielmehr von der steten Neuerfindung politischer Verpflichtungen und des Blicks, mit dem die gesellschaftliche Wirklichkeit erhellt wird. In dieser Hinsicht wird es auf diesen Seiten nicht an Beschreibungen dessen fehlen, wie sich die Wahrnehmung der politischen Phänomene gewandelt hat. Sie laden zu einer intellektuellen Übung ein mit dem Ziel, von der Gegenwart aus zu ermessen, wie fern oder nah uns die Art und Weise ist, in der einst die Probleme gestellt wurden; und dies, indem wir den Raum unserer Begeisterungen und unsere Möglichkeiten neu bestimmen.

# *Die Würdigung des Politischen in der griechischen Philosophie*

Indem die griechischen Philosophen von Beginn an postulieren, daß der Mensch ein Wesen der Polis, folglich des Gesetzes, ist, kann für sie Politik keine Frage unter anderen sein. Die Politik – *politeia*, Leben des Gemeinwesens, aber auch Ordnung der Machtinstanzen oder Verfassung, ein Begriff, der aus dem Wort *polis* (Stadtstaat, ein durch dasselbe Gesetz gewobenes Band) abgeleitet ist – liefert das Motiv einer These: der der Abhängigkeit des Bürgers vom Gemeinwesen, der Polis. Und anhand einer solchen These manifestiert sich die Philosophie öffentlich.

Daß die politische Tätigkeit schlechthin vornehm ist (*axios*, würdig) liegt darin begründet, daß kein Bürger (*polites*, der Bürger, Ableitung von *polis*) seine Bindung an die Kontinuität des Gemeinwesens, zu dem er bestimmt ist, dank dem er seine Erziehung erhält, zu brechen vermag. Wie könnte er sich gegenüber dem Band, das dieses Gemeinwesen zusammenhält, gegenüber der gemeinsam im Rat vollbrachten Arbeit – insoweit sie die Reden einiger erinnerungswürdig macht –, gegenüber dem, was die Magistrate leisten, als gleichgültig erweisen?

Neben vielen anderen nicht weniger sprechenden Zeugnissen für diese Würdigung des Politischen bieten die Griechen die zwei hier angeführten: Zum einen nennen sie *idiotes* den einsamen, ungeselligen Bürger, der sich in die Angelegenheiten der Polis nicht einmischt, anders gesagt, das »isolierte«, »bedeutungslose« Individuum (von daher leitet sich »Idiot« ab), das unfähig ist, den anderen etwas anzubieten und Spuren zu hinterlassen, das ohne Daseinssitz und Geburtstitel ist. Zum zweiten verdrängen sie – kraft der Reformen von Drakon (621), dann von Solon (594), der die Gesetze eingravieren ließ – die mündlichen Gebote durch schriftliche Gesetze und setzen an die Stelle der ungeschriebenen Sitten, Gebräuche und Überlieferungen eine zivile Organisation in *demes*, eine Diskussion erheischende Teilung.

Gerade in ihren Disparitäten erfaßt die Verbindung von Philosophie und Politik im griechischen Denken – eine Verbindung, mit der die abendländischen Verweise im Bereich der politischen Philosophie beginnen, da China, Ägypten, Indien weniger vertraut sind – unmittelbar das politische Handeln (*praxis*) in seinem Unterschied zu den anderen Dispositionen (Theorie, Produktion, Ökonomie) und verspricht zudem dessen Einschätzung. Sie versetzt den *logos* (die Dialektik, die Einheit und das Wort) in das Zentrum des Politischen, die Vernunft in das Zentrum des Gesetzes.

Was immer der Dramendichter Aristophanes auch sagt: die Philosophie ist kein Denken im Wolkenkuckucksheim. Sie macht die Politik, die manchmal chaotisch erscheint, geistig nachvollziehbar. Ihr kommt es zu, die notwendige Übereinstimmung der Polis und ihrer Einrichtungen mit dem Guten zu entwerfen, Ursprung und erste Ursache der Welt, ihrer Gestalt und ihrer Ordnung (*kosmos*). Aufgabe des Philosophen ist es, den künftigen Regierenden zu lehren, das Gute zu erkennen, auf daß es in der Polis in der Form der Gerechtigkeit, dem Richtmaß einer guten Politik, seinen Niederschlag finde. Ergebnis ist die als *ethos* begriffene Staatsbürgerschaft, eine erworbene Gewohnheit, die das Wesen als ganzes human werden läßt und sich in der Polis entfaltet. In diesem Sinn definiert die Staatsbürgerschaft weniger die Macht, auf die Ereignisse Einfluß zu nehmen, als das Vermögen, sich zu bilden und zugleich die beste Form von Regierung, von Lenkung hinsichtlich der menschlichen Angelegenheiten zu bezeichnen.

*Die Funktion des Worts*

Welchen Blick man auf die griechische politische Philosophie wirft, hängt davon ab, von welchen Konsequenzen man wünscht, daß sie übernommen werden. Zwei gegensätzliche Auffassungen bestehen nebeneinander: a) das griechische Sozialgefüge trägt bei zum unmittelbaren Erscheinen einer schönen und erbaulichen organischen Totalität, in der an die tugendhaften Akzente der Wahrheit gebundene stete Dialoge zirkulieren; b) die griechische Polis beruht auf agonistischen sozialen Beziehungen – von *agon*, Versammlungen, vor denen die Reden aufeinanderprallen, aber auch Prozesse und Hemizyklen, die zu Anstrengungen verpflichten, der Beste zu sein –, auf Konfrontationen, die daran erinnern, daß die Polis fortwährend von gegensätzlichen und nicht notwendig auf Einheit dringenden Kräften durchzogen wird. Natürlich sind beide Aussagen zu hören. Allerdings entspringen sie nicht derselben Perspektive. Die eine verherrlicht ein Ideal, um den Preis des Absehens von dem, was existiert; die andere stellt fest, was existiert, um den Preis seiner Legitimierung.

Welche Beziehung der griechische Stadtstaat zur Geschichte unterhalten mag: die Analysen der politischen Funktion des Wortes bleiben zentral. Die Polis – in logischer Hinsicht primär in bezug auf die Bürger – vervielfacht die Beziehungen zwischen den Menschen (durch Arbeit, Nahrung, Wohnung, Austausch usw.). Die Politik, die dort in zahlreichen Wettstreiten der Worte, ständiger Voten, vielfältiger Schiedsgerichte und unterschiedlicher Entscheidungen ihren Niederschlag findet, soll das Verschiedenartige auf die Einheit zurückführen. Diese Funktion erfordert, daß die auf der *agora* (dem Platz der öffentlichen Versammlungen) öffentlich gehaltenen Reden klar erkannt und beurteilt werden: demagogisches Wort (Zerstreuung und Mannigfaltigkeit) oder Wort der Wahrheit (Gutes und Einheit)?

Niemand bestreitet, daß das Wort in die Irre führen, um den Preis von Unordnung und Maßlosigkeit verführen kann: Sein Atem schürt den Haß der Menge, bestätigt der Rhetor Gorgias (483–385 v. Chr.), legt die unüberlegte Überzeugung in die Seele der Hörer, bekennt beunruhigt Sokrates (469–399 v. Chr.), ermutigt die Verwirrungen, indem es zur Zufluchtsstätte verbaler Geschicklichkeiten und vorgefaßter Meinungen wird, beharrt Platon. Aristoteles, der das Problem anders angeht, hält ihm dagegen zugute, in bestimmten Fällen mitzuhelfen, durch Nennung des Besten die Seele zu erheben, den Weg zum Wahrscheinlichen einzuschlagen, dank der Widerlegung der Meinung in der Strenge eines durch Fragen und Einwände belebten Dialogs.

Zwischen der Schmeichelei der grenzenlosen Gutgläubigkeit der Menge und der Bildung einer allgemeinen Zustimmung gilt es zu unterscheiden. Aber nach welchem Kriterium? Dem Guten oder der möglichen Einheit der Polis? Im Namen eines rechten Worts, das die Regierung des Guten wiederzugeben vermag, die allein in der Lage ist, Maßstab und Ordnungsprinzip der Anordnung der Teile, die Gerechtigkeit in der Stadt und der Stadt (gegenüber anderen Städten) vorzugeben. Allerdings treten mit diesem Anspruch viele Worte auf: das der Überlieferung (Homer) oder des Brauchtums (Sophokles, *Antigone*, Verse 450–470), das der Verwandtschaft (Hesiod), der Interessenabwägung oder der Listen des Ehrgeizes (Alkibiades); das einer Bevölkerung, die lediglich durch die Bedürfnisse der Menge und die aus dem *pathos* der Ansprachen der Redner (Sophisten) resultierenden Manipulationen der Massen zusammengehalten wird, oder das einer Polis, deren Handlungen in den Ruf der Gerechtigkeit gelangen, weil sie einem unwandelbaren Vorbild nachgebildet sind (Platon), ja selbst das einer zusammengesetzten Einheit, die die Diversität der Teile erhält (Aristoteles).

Die griechische politische Philosophie entfaltet sich zwischen diesen Propositionen, diesen Vorschlägen; sie übernimmt es, die Analysen und Entscheidungen der Gesetzgeber entweder zu ermutigen oder zu behindern. Vor allem aber geht es ihr darum, Sitten philosophisch zu begründen, die sich dem Haß und willkürlichen Neigungen entziehen. Davon zeugen die zentralen Gestalten, als die der Politiker ausgewiesen wird: der Steuermann, der das Boot um die Klippen schifft; der seine Herde führende Hirte; der seinen Kranken beratende Arzt; der seinen Knecht oder Sklaven leitende Herr usw.: sie alle sind Metaphern für die Verteilung der Macht in der Polis.

Allerdings müssen noch die Bezugskriterien – wenn es denn welche gibt – näher angegeben, d.h. muß die Natur der Beziehungen zwischen Einzelnem, Polis und der unmöglich zu vergessenden Welt (Gegenstand einer Physik) konkretisiert werden. Sokrates nun postuliert eine Homologie, die alle aufeinander bezieht, das Kleinste (Individuum) auf das Größte (Welt) durch ein Mittleres (die Polis), wie im übrigen die Polis auf das Individuum vermittels der Welt. Durch die Erkenntnis seiner Seele (gegliedert in drei hierarchisierte Teile: Verlangen, Wille, Verstand), durch aktive Konstitution des Selbst, der Form der Beziehung zu den anderen (Sitten und Bürgersinn) lernt jeder Bürger, in sich die Struktur der Tugenden zu errichten, die mit der Struktur der Polis übereinstimmen. Einer guten Gesetzgebung (innere Organisation, Verteilung der Macht und Verantwortlichkeiten) und einem guten Einvernehmen mit den anderen Stadtstaaten (Diplomatie) entspricht ein tugendhafter Bürger. Der Kenntnis der Ordnung der Welt und ihres Prinzips (das Gute) entspricht die (menschliche) Möglichkeit der Postulierung der Gerechtigkeit als ihrem Abbild.

So lassen sich an der Beschaffenheit des Bürgers die Ungleichgewichte des politischen Systems ermessen, in dem er ausgebildet wird, oder die von der Polis, die seine Seele am Guten ausrichtet, erzwungene Ausübung des Besten. Dennoch könnte die Polis nicht an sich harmonisch sein, würde sie sich nicht in Übereinstimmung bringen mit einer Gerechtigkeit, die bereits in – und jenseits – der Ordnung der Welt, deren Aufbau das philosophische Wort formuliert, erfaßbar ist.

*Der Bezug auf die Ordnung der Welt*

Daß der Philosoph (und, davon abgeleitet, der Politiker) übrigens seine Studien mit der Kosmologie beginnen muß – auch wenn keine Rede davon sein kann, dieser das gesamte Denken unterzuordnen –, wird insoweit sichtbar, als jene auf die Existenz eines Einheits- und Totalitätsprinzips verweist (das Gute). Das Erfassen der Einheit und der Garantie der besten, weil unwandelbaren und unzersetzbaren Ordnung, die der Welt selbst (*kosmos*), ermöglicht es, beständige Normen herauszuarbeiten, mit denen den Sophisten (Gorgias) entgegengewirkt werden kann, die stets bereit sind, unter Zugrundelegung des Relativen, des Konflikts oder der brutalen Kraft der Natur (*physis*) alles zu legitimieren.

Im Wissen, daß die Menschen in irdischen Breiten leben, in dem dem Verfall unterworfenen Teil der Welt, verschlechtern sich die gesellschaftlichen Beziehungen immer weiter, wobei sie durch Verderbnis und Verfall die politischen Regime und deren verhängnisvolle Ergebnisse miteinander verknüpfen. Hier spielt die Verantwortlichkeit der Philosophen, besonders aber auch der Politiker, eine zentrale Rolle. Da sie die Wahrheit der einen Ordnung der Welt kennen können, fällt es ihnen leicht, sich der Aufgabe zu widmen, die politische Kunst zu vertiefen und ihr einen zentralen Platz im Spektrum der Wissensbereiche, Aktivitäten und Techniken im Rahmen der Entwicklung eines Handelns einzuräumen, das in der Lage ist, den Kurs zu halten und durch Verkündigung der guten Regel, mit der der Dekadenz entgegengewirkt werden kann, die Politik wieder aufzurichten. Die Politik ist nicht Verwaltung von Sachen, sondern das rechte Wort, mit dem das richtige, gerechte, Gesetz ausgesagt wird.

Durch diesen Bezug auf die vollkommene und stets gleichbleibende Einheit der Welt begründen Sokrates, dann Platon (428–348 v. Chr.) ein gemeinsames Maß von Gerechtigkeit und Politik, dem Guten und der Philosophie, unter Ausschluß der Improvisationen der Überlieferung, des Mythos oder der Erzählung der Dichter (Homer, Hesiod). Die Überlieferung, die einen sektiererischen und (den Priestern) vorbehaltenen Charakter aufweist, erzeugt zweifelhafte Überzeugungen, wie in der *Odyssee* zu lesen: »Wenn der König die Götter fürchtet und Gerechtigkeit übt, bringt die schwarze Erde Weizen und Gerste in Fülle hervor« (XIX, 109–114). Der Mythos, etwa von Atlantis oder von Prometheus – dem zufolge Hermes im Namen von Zeus den Menschen nach dem Lebensnotwendigen noch vielfältige Vergünstigungen gewährt, darunter die Kunst, ihre Beziehungen zu ihresgleichen zu regeln (*nomos*, das Gesetz, und *aidos*, die Scham), zugleich aber der Gerechtigkeit eine transzendente Stellung zuweist –, stellt in poetischer Form das Erfordernis einer gesellschaftlichen Einheit dar, erhellt aber nicht die Kunst, unter den Gesetzen zu wählen.

Die Philosophie dagegen befreit die Menschen, indem sie ihnen den Weg und das Ziel eines Maßstabes weist, mit dem sie ihre öffentlichen und privaten Beziehungen so gestalten können, daß das Ganze sich harmonisch fügt, entsprechend einer Disposition des Wortes, einer menschlichen Gesetzgebung, die einer Gerechtigkeit würdig ist, die jedem in der ursprünglich vom Guten bestimmten Rangfolge der Wesen seinen Platz und eine Aufgabe zuweist.

*Die Figur der Gerechtigkeit*

Aufgrund einer kosmischen Ordnung, die nicht Gleichheit, sondern Harmonie und Rangfolge ist, ein nichts dem Zufall zu verdankendes Verhältnis, darf im Wort Gerechtigkeit nicht so sehr eine gleiche Übereinstimmung zwischen den Bürgern verstanden werden – die hier unangemessen ist – als vielmehr die Bedingung eines wohlgeregelten Einverständnisses, einer Freundschaft (*philein*) zwischen den Bürgern. Folgerichtig – und entgegen dem, was der Sophist Protagoras (485–411 v. Chr.) glaubt – darf diese Gerechtigkeit nicht mit der Meinung verwechselt werden, die sich jeder Mensch davon macht. Denn jeder hätte die Neigung, seine persönliche Befriedigung für die Gerechtigkeit zu halten, wobei er listig versuchen würde, sie als eine für alle schmeichelhafte Gerechtigkeit auszugeben.

Unter diese Kunstkniffe ist die Rhetorik zu rechnen, wie sie von den Sophisten gelehrt wird, diesen Freunden der Meinung (*philodoxes*), die, da sie kein allgemein anerkanntes Kriterium der Gültigkeit akzeptieren, die Tyrannei der Reden kultivieren, deren Ziel es ist, ein unwissendes Publikum zu versklaven. Die gesellschaftliche Einheit wäre dann nichts anderes als ein mystifizierter Zwang, unterhalten von Inhabern eines Macht-Worts und nicht den Anhängern der Wahrheit, nichts anderes mithin als permanente Korruption und permanente Komplotts! Die Politiker würden dann nichts anderes lernen als die Kunst des Glauben-Machens, des Stimmenfangs durch Überredung und Verführung, um so die Rivalitäten durch Kontroversen zu verstärken.

Das politische Band verfällt der Seite des Ungleichartigen nur in diesen irrigen Auffassungen von Gerechtigkeit, behauptet Platon. Gewiß bleibt die menschliche Welt die des Flüchtigen, der Meinung und der Menge. Sicher bleiben deshalb die politischen Menschen (aber wer sind sie? Hat nicht auch Platon erklärt: »Ich bin kein politischer Mensch«, bin einer, der es nicht versteht, eine Behauptung den Stimmen zu unterwerfen, bin ein Philosoph?) auch unentbehrlich. Sie weben die Mannigfaltigkeit, um ihr die Form der Einheit zu verleihen. Sie verwandeln sich, entsprechend den angeführten Metaphern, in Hirten der Menschenherde. Dazu müssen sie allerdings auch Nutzen zu ziehen verstehen aus der Kenntnis des Guten, Anfang und Voraussetzung aller Dinge, dessen Vortrefflichkeit und Form sie ermutigen, das unterschiedliche Verhalten der Bürger bestmöglich zu weben. Sie müssen, mit anderen Worten, die Gültigkeit der Wahrheit im Rahmen der öffentlichen Angelegenheiten vorführen.

Derartige Unterscheidungen, hervorgebracht, um besser die Harmonie der Polis zu erfassen, erlauben die Bestimmung eines Felds der Möglichkeiten – denn in der Politik ließe sich nicht handeln, könnten die Dinge nicht auch anders werden, als sie sind. Wozu sich der Anstrengung unterziehen, die Organisation der Polis zu denken, wenn es kaum Ziele gibt, die erreicht werden sollen? Dennoch handelt es sich im Fall Griechenlands weniger um ein Herbeiführen, um die Macht, auf die Ereignisse einzuwirken, als um das Vermögen, die beste Regierung zu bezeichnen. Eingedenk der vorgängigen Bestimmung der ewigen Ordnung der Welt (*kosmos*) schreibt eine gute Politik der Ordnung des Gemeinwesens die aus dem Einen-Guten erwachsende harmonische Verzauberung in Form der Gerechtigkeit ein. Folglich wendet sie auf die gegenwärtige Welt ein transzendentes Modell an, auf die Gefahr hin, ungleiche soziale Stellungen zu naturalisieren oder zu legitimieren, statt daß sie versucht, die Handlungen in Hinblick auf ein Kommen, ein Herbeiführen auszurichten. Der Raum des Realisierbaren beschränkt sich auf den allgemeinen Rahmen der gegebenen Einheit der Welt, für die es wichtig ist, das Absolute oder das Urbild auf die Welt der Menschen herunterzubringen, indem diese an der Elle des Wesens des Guten gemessen wird.

Alles in allem beschränkt sich das Mögliche auf die Bewegung, mit der der politische Mensch, indem er sich zum Wahren bekehrt, dem Gemeinwesen aufzwingt, sein Gleichgewicht in der Ordnung des Ganzen wiederzufinden. Die Polis muß diese Bewegung unternehmen, da ihre ursprüngliche Situation sich zwar grundlegend verändert hat, gleichwohl aber idealer Bezugspunkt bleibt.

*Die Kallipolis (schöne Stadt) nach Platon*

Wie kann die Gerechtigkeit in die Polis eingeführt und deren Einheit bewahrt werden, wenn nicht durch Bildung – mittels Erkenntnis des Einen-Guten – politischer Menschen, die bemüht sind, diese Einheit durch Erziehung der Bürger zu gestalten? Platon entfaltet das Problem der Regierung der Polis in seinem Dialog *Der Staat*, der 370 unter dem Eindruck zweier Feststellungen entstand:

– in seiner Jugend hat er zusehen müssen, wie die Oligarchie der Dreißig Athen sittlich verdorben hat, während die darauf folgende Demokratie skandalöserweise Sokrates, den gerechtesten aller Bürger, zum Tode verurteilt (399 v. Chr.); man ist so vom Scheitern einer habgierigen Regierung zum Scheitern der Inkompetenz übergegangen, von der Tyrannis einiger weniger zur Tyrannei der Meinung;

– die Gerechtigkeit ist nicht gleich dem Interesse des Stärkeren, muß sie doch zuverlässig ein Gutes profilieren, das die Aktivitäten des Gemeinwesens vereinigt, indem es sie ohne Gefahr der Vermischung ineinander verflicht.

Aus diesen Feststellungen ergibt sich die Forderung des Eingreifens, nämlich eine Stätte zu errichten, an der die Menschen mittels einer neuen Pädagogik (*paideaia*, das Kind, und *ago*, führen und leiten) gezwungen werden, sich der politischen Philosophie zu widmen, der Erkenntnis des Vorbilds, dem die Einheit des Gemeinwesens ihre Ausgestaltung verdankt. Die Akademie, Platons Schule, begründet diesen privilegierten Ort des Unterrichts, der Diskussion und des gemeinsamen Lebens:

Nach dem Beispiel der bezahlten Rhetorik der Sophisten wird hier die alte Erziehung (Initiationsriten und Poesie), die bis dahin den kulturellen Rahmen der Griechen darstellte, zurückgewiesen zugunsten jener neuen Kunst des Worts, der Dialektik, die die Erkenntnis der Wahrheit eröffnet. Dank ihrer gelangen die Schüler-Bürger, die kommenden Staatsmänner, durch den Zwang des Argumentierens (und nicht der Gewalt) zur unwandelbaren und unvergänglichen Idee des Guten, deren Schau die Entdeckung des gerechten politischen Regimes begünstigt. Das Erfassen des Einen-Guten trägt wirksam bei zur Auflösung der Diversität, denn aus seiner angemessenen Nachahmung erwächst die größtmögliche Vollkommenheit des Gemeinwesens. Übrigens deckt Platon deren erste Verkörperung in den Formen des über Atlantis siegreichen (*Kritias*) alten Athens (*Timaios*) auf, die seit den Berichten Solons im Gedächtnis geblieben sind. Seither ist die Welt leider in einen Prozeß des Verfalls eingetreten.

Die Legitimation des Staatsmanns vollzieht sich durch den Besitz des Wissens über das Eine und das Maß, verwandelt in eine politische Kompetenz oder Erkenntnis (Nostalgie) des Seienden, des Wissens um eine verlorengegangene Eintracht, eines als ewigen Wert postulierten Goldenen Zeitalters. Aber auch durch die Besonnenheit, aus der die Schönheit seiner Handlungen hervorgeht. Unvereinbar mit Arbeit, einem Handwerk oder privaten Interessen, exponiert ihn sein zurückhaltendes Handeln, den Zusammenhalt des Gemeinwesens zu wirken, ausgehend von der Auflösung der Mannigfaltigkeit, der Begierden und Unwissenheiten, indem er sie entsprechend den Kenntnissen über das Vorbild, das Wesen der wohlproportionierten Dinge, aufteilt.

Wenn er als Gesetzgeber wirkt, kann er sich nicht damit begnügen, irgendeinem König seine Ratschläge zuteil werden zu lassen. Die Ratschläge bleiben bei Königen, die sich nicht mit der Philosophie abgeben, wirkungslos. Genausogut könnten die Philosophen auch direkt zu Königen ernannt werden (V, 473 cd), da sie aufgrund ihres Wissens des Einen allein befähigt sind, zu führen, das Glück der Wesensordnung, auf die sie ihre Augen gerichtet haben, nachzuahmen, folglich das Gesetz (Ordnung und Maß) der Abhängigkeit des Guten, aus dem alle Ordnung hervorgeht, zu unterstellen, die Sitten so zu gestalten, daß sie geschont werden, und gegebenenfalls die Entschädigungen zu ersinnen, mit denen der Gehorsam der Bürger ohne Rückgriff auf physische Gewalt gewonnen wird.

Der beste soziale Zusammenhalt berührt die Gerechtigkeit, insofern jedes Individuum, jede soziale Klasse darin ihre je eigene Aufgabe vollbringt und damit ohne Übertretung zur Ordnung des Ganzen beiträgt. Das Wesen des Guten, das in der irdischen Welt sich manifestiert und schließlich in der Seele des politischen Menschen, der durch die Askese, die ihm lehrt, sich selbst zu beherrschen – in Liebe und gewaltlos, indem er sich auf seine Rolle vorbereitet –, zur Erkenntnis des Einen gebildet wird, ermöglicht ihm, das gerechte Gemeinwesen in einer Hierarchie zu organisieren, in der die Funktion jedes Teils (Bedürfnis [*chreia*], Austausch oder soziale Klasse) durch die Erfordernisse der Einheit bestimmt wird.

Diese *Kallipolis*, diese schöne Stadt (von *kallos*, glänzend, leuchtend), weist alle Arten von Mischungen und Vermittlungen zurück. Daraus folgt, daß die drei Klassen von Bürgern, aus denen sie gebildet ist, nebeneinander bestehen und ihre spezifische Funktion dadurch erfüllen, daß sie zur gleichen Zeit drei Tugenden der Seele darstellen, die auf die drei Teile (Begierde, Willen, Vernunft) einer Seele zurückweisen, die eines Tages durch das Gericht der Unterwelt gerichtet wird: Die Herstellenden, beauftragt, durch Arbeit und in Gehorsam die Gemeinschaft zu ernähren, bezeugen Besonnenheit; die Krieger, ihre Beschützer, binden sich an die Tapferkeit; und die Regierenden (Magistrate), die entscheiden und befehlen, offenbaren Weisheit.

Davon ausgehend, daß eine politische Erziehung der Produzenten nicht vorgesehen ist, unterscheiden sich die anderen sozialen Stellungen, wie auch ihre Erziehung eine jeweils andere ist. Diejenige der Wächter, die Männer und Frauen gemeinschaftlich zusammenfaßt, führt über die Gymnastik (Übung, Schnelligkeit, Kraft und Geschmeidigkeit) und die Musik

(Rhythmus, Regelhaftigkeit, Beziehung). Sie mündet in der Ausbildung einer Seele, die mit Blick auf das Gute des Gemeinwesens von sich absehen kann, die von Mut und nicht von Begierde beherrscht ist. Da die Magistrate die höchste Funktion ausüben, ist es angebracht, ihnen das Wissen um das Regieren (das Maß) einzuflößen, jenes Wissen, das seinem Besitzer die Vorherrschaft gewährt, da seine Seele damit zum Gleichgewicht gelangt.

Dialektik heißt dieses Wissen, kraft dessen der Staatsmann das Prinzip erfaßt. Sie geht einher mit der Ausbildung einer Einstellung zur Mathematik (Wissenschaft von der Zahlenreihe) und zur Selbstführung beim Entscheiden (*phronesis*, Klugheit). Erst dann kann der königliche Weber daran arbeiten, die Gesetze nach dem Vorbild des Guten niederzuschreiben, die Harmonie zwischen den zerstreuten Bürgern bewirken. Worum es in ihnen geht? Daß sie sich gegenseitig zu Diensten sind, um so die Einheit der Stadt vor dem Chaos der Triebe zu schützen.

*Die Definition der politischen Regierungssysteme*

Indem Platon seine Überlegungen auf die »schöne«, die ideale Stadt zentriert, die fähig ist, fortan den Irrtum einer Verurteilung von Sokrates zu vermeiden und den offenen Konflikt zwischen der Wahrheit und der Zügellosigkeit der demokratischen Meinung zu lösen, richtet er die politische Philosophie an einer Debatte aus, die über das legitime Prinzip der Regel und über den Maßstab des besten politischen Regierungssystems auf eine Wahrheitssuche zielt. Eine überall anwendbare, einzige Einheitsform der Sitten schält sich heraus, gekennzeichnet durch einen Holismus (von *holos*, Primat des Ganzen), der den Bezug auf das Besondere und die Unterschiede ausschließt. Diese Lösung zwingt nun speziell dazu, die Polis weniger als einen kollektiven Raum der Beratung und Überlegung zu definieren denn als einen Raum der Regulierung sozialer Funktionen, gefestigt durch einen Fachmann der Endeinheit, den Philosophen-Staatsmann. Sie verleiht der Politik – jener guten Handlung, deren Ziel das Eine bleibt – die Form einer Kunst des richtigen, gerechten Platzes. Deren Gegenstand besteht in der Bewertung des Gegenwärtigen an der Elle des Ewigen, in der Legitimierung der Autorität und der Ausübung der Macht unter dem Primat des Guten.

Wozu verpflichtet Platon den besonnenen Leser im Hinblick auf die Organisation der Sitten? Zum einen, jenen zu mißtrauen, die behaupten, die Polis beruhe auf einer zufälligen Sammlung von Interessen oder einem steten Wechselspiel oppositioneller Kräfte. Die Zwietracht einer solchen Polis erwüchse aus der Nachahmung der Natur (*physis*, Synonym für das Gesetz des Stärkeren), wogegen das vom Gemeinwesen geforderte Gesetz sich glücklicherweise von einem anderen Vorbild nährt. Zum anderen, das Wort redlich, vernünftig zu gebrauchen, es so zu gebrauchen, daß damit der Primat der Wahrheit über die Handlung, die die Erkenntnis des Wahren finalisiert, begründet wird, klar die Verfassungen (*politeia*) oder Regierungssysteme unter Zugrundelegung des definierten Modells der Rationalität zu unterscheiden, des Modells eines Prinzips als Garanten der Einheit des politischen Körpers durch die Einrichtung einer Hierarchie, die durch den Bezug auf den Ursprung des *kosmos* gerechtfertigt ist.

Welches sind nun diese Verfassungen und die durch sie skizzierten Sitten und Gebräuche? Die Namen dieser Systeme sind heute hinlänglich bekannt: Monarchie (*monos*, allein, einzig; und *arche*, Prinzip), ein durch einen einzigen Regierenden entfaltetes Regime, das allerdings zwei Unterarten kennt (das Königtum und die durch die Tyrannis hervorgerufene extreme Knechtschaft); Aristokratie (*aristos*, der Beste; und *kratos*, Stärke, Kraft, Herrschaft, Macht), ein Regime der wenigen, das sich ebenfalls differenziert in genuine Aristokratie und Oligarchie (*oligos*, wenig zahlreich, die kleine Zahl der Reichen durch Errichtung eines Zensus; auch als Plutokratie zu bezeichnen); Demokratie (*demos*, Gesamtheit der freien Bürger), eine Regierungsform, die die Macht in die Reichweite aller stellt (»in die Mitte«), auch wenn sie manchmal zur Ochlokratie (Regime der Verängstigten) ausarten kann; sie wird ergänzt durch die Timokratie (*time*, Wert, Preis, Ehre), die brutale Rivalität der Glücksritter und Profiteure, die Unterwerfung der Bürger unter den Ehrgeiz.

Allerdings variiert die Serie. Andere Begriffe werden eingeführt: Anarchie (*an-*, Verneinungspräfix, und *arche*, das Unzusammenhängende und Instabile); Republik (zwar ein lateinischer Begriff, *res publica*, öffentliche Sache, aber verwendet als Übersetzung des griechischen *politeia*, Regierungsform der Beteiligung der Bürger an den öffentlichen Angelegenheiten, ein Mischprodukt aus Oligarchie und Demokratie); schließlich Imperium bzw. Reich, Bezeichnung für jenes Regime, das seine Macht über die eigenen Grenzen ausdehnt.

Alles in allem ist diese Liste durchaus diskussionswürdig, nicht wegen der vorgeschlagenen Begriffsdefinitionen, sondern aufgrund ihres Organisationsprinzips: die Zahl der Regierenden (ein einzelner, mehrere, viele, alle). Bei Platon erweist sich dieses Prinzip als notwendig aufgrund der unmöglichen Trennung der Einen Guten und des mathematischen Einen. Die derart aufgestellten Typologien nähren den Glauben, die beste Regierung resultiere aus der kleinen Zahl tugendhafter Regierender.

*Die Staatsverfassung des Aristoteles*

Wir verdanken Aristoteles (384–322 v. Chr.) in seinem Werk *Politik* neben einem Schema der Regierungssysteme (Königtum und seine Entartung in Tyrannis, Aristokratie und ihre Verirrung in Oligarchie, Republik und ihre Verschlechterung in Demokratie) auch eine Neubetrachtung des Gesamtproblems, ohne daß er dabei den Forderungen einer einzigen Form der Einheit, wie sie in der platonischen Auffassung des Staats festgelegt wird, nachgegeben hätte (*Politik*, II).

Erinnert Aristoteles – unter dem Doppelschlag des Wandels der Struktur des Erkennens (Vorbild der Erfahrung und nicht mehr der Mathematik) und einer Krise des Stadtstaats von Athen – nicht zunächst einmal wieder daran, daß die Polis nicht nur der Ort ist, an dem man überlebt, sondern vor allem der politische Raum eines gemeinsamen »guten Lebens« (leben gemäß dem Gutem, dem Gleichgewicht und dem Maß), der die Aufrechterhaltung einer lebendigen Vielfalt voraussetzt? Diese Option stellt nun gewiß keine Unterstützung der Sophisten, dieser Menschen ohne Zugehörigkeit, dar. Ihre Entweihung des Worts entspricht einer zu pragmatischen Auffassung von Gesetz und Gemeinwesen. Da sich bei ihnen das Wichtige mit dem Wirksamen und dem Kreislaufförmigen vermischt, mag es sich um Dinge, Menschen oder Ideen handeln, kann nichts zusammengefügt werden. Die Sophisten halten sich an die Herrschaft des einheitslosen Vielfältigen, das sich lediglich durch Angebot und Nachfrage etabliert, unterwerfen so alles den Launen der Menschen. Zwar vertreten sie durchaus eine Politik, die des Flüchtigen und Subjektiven, die in der Behauptung gipfelt, das Gerechte erwachse aus dem Zufälligen, Beliebigen. Doch Aristoteles schätzt sie nicht sehr.

Folgerichtig bestimmt er gegen Platon und die Sophisten das Ziel der politischen Philosophie neu – mit Blick auf eine integrative soziale Einheit, die über der bloßen Summe der einzelnen Elemente der Polis steht –, trifft hinsichtlich der Politik eine Entscheidung – die Parteinahme für das kollektive Leben – und kommt zurück auf die Ausübung der Macht und des öffentlichen Worts unter dem Gesichtspunkt des Zwecks der Polis.

Als Beobachter des öffentlichen Lebens von dem 335 gegründeten Lykeion aus legt Aristoteles seine Analysen vor, die lange ihr Prestige bewahrt haben. Darin konzipiert er die Politik als eine praktische Wissenschaft, die dem politischen Menschen (*nomothetes*) die Mittel an die Hand geben soll, mit denen er von Fall zu Fall die beste Weise der Organisation der Polis anvisiert, sich dabei aber bei Bedarf bestimmter Handlungen enthält. Das Gemeinwesen, so erkennt er am Ende seiner Untersuchung über die Unterschiedlichkeit der Situationen an, gründet auf einer natürlichen Soziabilität und stellt eine spezifische Erfindung dar, um das souveräne Gute zu tun, eine Besonderheit, die sowohl den Tieren als auch den Göttern fehlt.

Welche »natürlichen« Weisen des Lebensvollzugs man auch nimmt (geschlechtsspezifische Teilung der Rollen, Reproduktion, private Bedürfnisse, die sich in der »monarchischen« Herrschaft des Ehegatten über die Frau oder des Herrn über den Sklaven, der als ein »beseeltes Werkzeug« angesehen wird, verwirklichen), sie sind immer schon gesellschaftlich. Die Polis aber bietet die notwendige Gewähr zur Realisierung der wahren Soziabilität, das Bewußtsein einer politischen Existenz.

Mithin wird diese politische Philosophie eröffnet mit der Feststellung der tatsächlichen Existenz einer Vielzahl von Institutionen (und ihrer jeweiligen Zwecke), die zum Teil durch Zufälle (Umstände, Geschichte, Geographie) bedingt sind. Zudem sind viele davon rechtschaffen. Ist daraus auf das Nichtvorhandensein eines absoluten Guten und eines einzigen Modells für die Polis zu schließen? Jedenfalls kann man sagen, daß das Gute und das Eine (die Form an sich), das Beste, vielfältige Gestalten annehmen können. In der menschlichen Welt der Kontingenz und des Widerspruchs beziehen sich die Normen (die Form) des Vortrefflichen auf den Aufbauwillen, auf die Situationen (Materie bzw. Stoff). Sie sind, alles in allem, vielfältig. Denn die Organisation der Sitten unterliegt einer Konvention (*nomos*).

In ihrer Diversität wie der Unterschiedenheit ihrer Aktivitäten lernen die Bürger einer Gemeinschaft, an einem gemeinsamen Werk teilzuhaben, dessen höchste Form nicht das Leben bleibt, Bedürfnis und Austausch, sondern in ganz besonderer Weise die Politik, die Verwirklichung eines Gemeinwesens, dessen aktive Teile, ohne Homologie, auf die Autarkie (Wirtschaft und gutes Leben) des Ganzen abzielen. Die Verfassung gibt an, mit welchen Mitteln die besten Machtinstanzen in jedem Einzelfall organisiert und die Bürger unterschieden werden: jene, für die die politische Autorität ausgeübt wird, jene, die sie ausüben und in der Lage sind, zu beratschlagen und gemeinsam zu handeln. Damit bestätigt Aristoteles, daß Staatsbürgerschaft weniger einem Status entspricht als einem gemeinsam ausgeführten Akt, bezogen auf die natürliche Disposition eines jeden Volkes.

Eine mit ihrem Begriff übereinstimmende Polis ist weder das bloße Resultat eines herdenmäßigen Zusammenschlusses (wie dies auf die Tiere zutrifft) noch einer bloßen Koexistenz von Individuen, die an einem geographischen Ort natürlicherweise zusammengefaßt leben oder dieselbe Sprache sprechen. Sie stiftet eine Soziabilität, an der die Bürger aus natürlichem Antrieb in dem Anspruch eines gemeinsamen guten Lebens teilhaben: die Polis bringt nicht die bloße natürliche Notwendigkeit zum Ausdruck, sie bestimmt sie. Deshalb stiftet das Gesetz in jedem einzelnen einen *ethos*, eine ethische Einstellung wechselseitiger Entfaltung und Freundschaft, dank deren jeder die Regeln des politischen Handelns lernt, die Regeln einer gemeinsam erfahrenen Existenz, in Ergänzung zu den verschiedenen Arten, in denen sich die Welt den Menschen öffnet.

Um die Verfassungen, die Stadtstaaten beurteilen zu können, muß man in den Stand gesetzt werden, die Befähigung jeder einzelnen Verfassung, den natürlichen und vollkommenen Zweck der Polis, den sowohl den Regierenden als auch den Regierten gemeinsamen Vorteil zu verwirklichen, klar zu erkennen. Jede Urteilsnorm verweist auf eine bestimmte konkrete Wirklichkeit. Unter den Staatsformen zieht Aristoteles die Republik vor – die doch von der großen Zahl beherrscht wird –, insofern sie weniger Ressentiment als die anderen Staatsformen erzeugt und ein Regime bleibt, in dem die Staatsbürger nur den Gesetzen gehorchen. Die Macht gehört hier niemandem, da die Staatsbürger an der beratenden (ohne Vertreter) und richterlichen (Auslosung) Macht teilhaben (*Politik*, III, 1, 1275b). Wenn man deren Launen zügelt, gehorchen sie um so mehr der Autorität, als sie Mitglieder der Volksversammlung sind.

*Der Staatsbürger und die Rhetorik*

Folgt man diesem von Aristoteles vertretenen Kriterium eines ausschließlichen Vorrangs des Besonderen und der Erfahrung, kann die platonische Definition des Staatsbürger-Staatsmanns anhand der Kompetenz nur als unangemessen erscheinen. Die gewöhnliche staatsbürgerliche Gesinnung hat die politische Philosophie bereits in ihrer Frühzeit interessiert. Unter den Mitgliedern der Polis – bei Ausschluß der Frauen, Kinder und Sklaven und bei Mißtrauen gegenüber den Händlern – können allein die Staatsbürger die Ausübung der Macht einfordern; sie verfügen über Gleichheit beim Reden (*isegorie*) und sind gleich vor dem Gesetz (*isonomie*, »der schönste aller Namen«, sagt Herodot in den *Historien*). Sichtbar wird hier das Band zwischen Staatsbürgerlichkeit und Wort auf der Grundlage eines bestehenden gemeinsamen Raums, der *agora*, des politischen Zentrums der Polis.

Doch welches Wort – und das Wort zu welchen Zwecken?

Innerhalb der *Politik* weist die politische Macht symbolisch die Form eines Kreises auf, jeder in der Versammlung sitzt in gleicher Entfernung zum gemeinsamen Zentrum – die Macht befindet sich »in der Mitte«, sie gehört niemandem; einst hielt der Bürger hier übrigens eine Art Zepter in der Hand, Zeichen dafür, daß er das Recht besaß zu reden, ohne unterbrochen zu werden. Im weitesten Sinne ergreift der Bürger das Wort, äußert seine Meinung, beweist seine staatsbürgerliche Gesinnung im Angesicht aller. Auf der Agora entfaltet sich die Fähigkeit der Beratung und des Urteils der Bürger, die weniger durch ihre Kompetenz (notwendig zur Erfüllung einer Expertenfunktion in der Polis: Polizei, Finanzen usw.) als durch ihre staatsbürgerliche Tugend, das Gerechte klar zu erkennen und die Gesetze, wenn nötig, zu ändern, ausgezeichnet sind. Der Gebrauch des Worts ist entscheidend: mit dem Wort wird ein Projekt zur Sprache gebracht, eine Kritik vollzogen, jemand angeprangert, eine Autorität verstärkt, werden Gerüchte in Umlauf gesetzt oder Manipulationen begünstigt. Das Wort stellt entweder einen wirklichen *logos* dar, die Fähigkeit, das Gerechte und das Ungerechte zu manifestieren, oder eine bloße geschwätzige Stimme (*phone*).

Wenn die Politik auch auf das gute Leben in der Polis abzielt, erfordert sie doch Regierende, die über ein architektonisches Wissen vom Handeln verfügen (*prattein*), das nicht zu verwechseln ist mit dem Betrachten (*theorein*) oder dem Herstellen (*poiein*). Regieren und Gesetze vorschlagen: dieses Handeln – gebunden an die Erhaltung der Polis, versehen mit der Fähigkeit, mit Weisheit und (weil sie jedem je nach seiner Natur gibt, also distributiver) Gerechtigkeit zu gebieten, einhergehend mit einem Gespür für das Maß in den gemeinsamen Angelegenheiten (kommutative Gerechtigkeit, da den Austausch regelnd) – beruht zugleich auf der Erfahrung der politischen Autorität und auf der Fähigkeit, ein Wahrscheinlichkeitsfeld zu definieren, ohne das die Politik kaum wirksam wäre.

Das Regierungswort gliedert zueinander Macht-Befehlen-Wahrscheinlichkeit (*Politik*, V). Der politische Mensch, der Mensch des Guten, verwandelt diese Erfahrung in eine Disposition zur Klugheit (*phronesis*), wenn man darunter das praktische Wissen des Gesetzgebers versteht. Dieses übersetzt, angesichts einer jeweiligen Situation oder eines erkannten Problems, die Tugend, stichhaltig über das Seiende und das Mögliche nachzudenken, um daraus das richtige Kriterium des politischen Handelns herauszuarbeiten, dasjenige, das einen Weg der Veränderung vorzeichnet zwischen der Finalität (der Beste) und der Kontingenz (die Bedingungen und Mittel) in den menschlichen Angelegenheiten (*Nikomachische Ethik*, VI). Damit wird das Gesetz mit der beim Regieren der Polis angewandten Klugheit gleichgesetzt.

Allgemeiner bleibt bestehen, daß das politische Wort nicht sich selbst überlassen werden kann. Seine Richtigkeit erwirbt es im Verlauf eines richtig geführten Lebens. Es widmet sich der Überzeugung der Bürger. Auf diese Weise verbinden sich Ethik und Politik in der Rhetorik. Und diese wiederum wird Gegenstand des Debattierens.

Für Aristoteles trägt die Rhetorik tatsächlich zur Bestimmung menschlichen Könnens bei. Jeder muß den Gebrauch des Sprechens lernen, um in Wortgefechte mit anderen eintreten zu können und so die gewaltsame Lösung von Konflikten aufzuschieben. Man soll sich mit dem *logos* zu verteidigen wissen. Zur gleichen Zeit ist es wichtig einzusehen, daß die Überredung nicht auf durch Worte hervorgerufenen Zwang, Besessenheit oder Begeisterung beruht, auf einem Redestil oder dem *pathos* einer Stimme, sondern auf der Zustimmung als dem Ergebnis einer beim Hören einer auf Argumenten gestützten Rede sich bildenden Meinung. Damit hängt der Wert der Rhetorik ab von deren Gebrauch. Vorausgesetzt, es wird verstanden, wie sehr sie auch Begegnungsstätte zwischen Menschen sein kann. Wenn das von der Rhetorik aufgeworfene Problem nicht auf die Art Platons geregelt werden kann, dann deshalb, weil dieser parallel dazu auch die Republik verurteilt. Nun spielt sich aber, so behauptet Aristoteles, das wahre Leben in diesem politischen Rahmen ab. Folgerichtig verleiht Aristoteles, wobei er auf den gemeinsamen Raum einer Sichtbarkeit des Volkes (*demos*) zurückkommt, dem politischen Wort, dem Ergreifen des Worts und der Entscheidung in der Politik eine entscheidende Rolle.

*Die Sklaven im Garten Epikurs*

Wie ist vorstellbar, daß die Aufdeckung von Unruhen in der Polis nicht mehr den Wunsch beseelte, nach Lösungen für die staatsbürgerlichen Probleme zu suchen, jedenfalls nicht nach dem Modell einer potentiellen Einheit? Und doch bleibt eine solche Option auch angesichts des Zusammenbruchs des Gesellschaftskörpers, aller Bezugspunkte und Statuten, aus sowohl faktischen wie philosophischen Gründen durchaus denkbar.

Faktische Gründe gibt es besonders ab 322 v. Chr. In Athen etabliert sich eine Timokratie. Ein auf Zensus beruhender Staat wird errichtet. Elend breitet sich aus, der Aberglaube gewinnt an Boden. Dennoch richtet sich der Philosoph Epikur (341-270 v. Chr.) in seiner Der Garten genannten und ihm von Freunden geschenkten Schule ein. Läßt sich angesichts der sich entwickelnden Herrschaft der Stärke und Gewalt noch ein transzendentes Modell der Gerechtigkeit vertreten? Die Antwort lautet nein, aber dies ist auch kein Grund, unter Berufung auf ein wie immer geartetes Jenseits dieser gegenwärtigen Welt zu entfliehen. Vielmehr sollte diese Welt so genommen werden, wie sie ist, und kraft ihrer eine materialistische Weisheit entwickelt werden, die jedem Gründe an die Hand zu geben vermag, hier und jetzt zu leben, Gründe, die zugleich nicht die Unterwerfung unter jedwedes Beliebige rechtfertigen.

Zunächst einmal ist diese Weisheit für alle da: Frauen und Sklaven eingeschlossen. Dann analysiert sie die Wirklichkeit: den Ehrgeiz der Menschen, die vom Leben entfachten permanenten Auseinandersetzungen, das Verlangen, den anderen Menschen in der Hand zu haben, Ruhm zu ernten, den Wunsch, die Welt der eigenen Herrschaft zu unterwerfen. Schließlich lehrt sie, daß unter den gegebenen Umständen »der Weise keine Politik macht«. Vielmehr zieht er sich zurück, außerhalb des gesellschaftlichen Feldes der Eitelkeit und des Krieges. Was nicht heißt: in eine Wüste, sondern in den Garten, dahin, wo allein Vertrautheit und Freundschaft zwischen wenigen das Glück verwirklichen.

Aber erwägen einige nicht statt dieses scheinbaren Exils Aufruhr und Revolution? Doch wenn es dieses Exil überhaupt gibt, dann will es in Wahrheit von der Tatsache zeugen, daß das Unglück nicht unausweichlich ist. Seine Ursache hat das Unglück in den vielfältigen Ausprägungen des Ehrgeizes bei den Menschen, in deren Stolz und Eigendünkel oder im Fanatismus ihrer Behauptungen, und es zerstört jede mögliche gemeinsame Welt. Aber es gibt ein Mittel, um den von den Menschen erzeugten Ängsten, den geschaffenen Schrecken und Schmerzen, die dem Leben ein rasches Ende bereiten, zu entgehen. Das Exerzitium einer gelassenen Philosophie befreit sicher von gefährlichen Wahngebilden und ist ein Heilmittel gegen in die Irre führende Überlegungen. Wenn es gelingt, das Universum von aller aktiven Göttlichkeit (Mythologien), aller Transzendenz (Platon) und aller Zweckmäßigkeit (Aristoteles) zu befreien, wird man dann nicht die wirkliche Freude finden im Aufbau eines geleiteten Daseins statt in den Haltungen, die dieses Leben dem Ehrgeiz und der Macht unterwerfen?

Auf einmal mündet die Kritik an den politischen Anmaßungen implizit in einer anderen Politik. Nicht versteckt, d.h. geschützt hinter den Mauern des Gartens, wird man leben, sondern gemeinsam, unter Freunden, die entschlossen sind, neue Ansätze einer anderen menschlichen Ordnung in die Tat umzusetzen. Neue durch die Freundschaft strukturierte Werte machen sich im Garten breit: die Einschränkung der Bedürfnisse, wechselseitiges Vertrauen und die Fähigkeit, sich nicht zu schaden, der Wille, sich der Angst zu entledigen, die Autarkie, die Vorsicht, der Austausch der Worte ohne Hierarchie, die Lust, nach gemeinsam gewählten Regeln zu leben.

Alles in allem handelt es sich durchaus um eine kritische politische Philosophie, auch wenn sie auf anderen Prämissen beruht: Sie verspricht weniger, dafür aber gelingt ihr eine illusionslose Bilanz und ein isolierter Versuch.

*Von der griechischen* polis *zur römischen* civitas

Noch einige andere Haupttexte zu diesen Fragen könnten hier hervorgehoben werden. So war nicht die Rede von Thukydides (460-395 v. Chr.), dessen *Geschichte des Peloponnesischen Krieges* ebenfalls eine politische Abhandlung darstellt, dazu bestimmt, die Bürger in die Lage zu versetzen, ihre Überlegungen im Rahmen der Anerkennung von Auseinandersetzung und Krieg, die beide gleichermaßen nicht aus der Welt geschafft werden können, zu verorten. So war auch keine Rede von jenen politischen Haltungen – Philosophien in actu –, die nie die Form von Abhandlungen annehmen: zum Beispiel die der Kyniker (darunter die von Diogenes, gestorben 323 v. Chr.), die im Alltag (auf dem Marktplatz, im Theater) ironisch über die Selbstzufriedenheiten der öffentlichen Meinung herziehen, um sie zu untergraben, ohne deshalb aber Ersatz anzubieten.

Kam nicht alles zur Sprache, so kann doch zumindest hier festgehalten werden, daß die philosophischen Texte die materielle Grundsteinlegung philosophischer Körper begleiten: Hippodamos von Milet (5. Jahrhundert) erfindet die regelmäßige Teilung (rechtwinkliger Verlauf) der Städte und teilt Piräus in Quartiere ein (Dreiteilung), die der Aufteilung der sozialen Gruppen auf dem Bodengelände entsprechen; Kleisthenes der Athener versucht, die Stadt ins Herz des Stadtstaats und in ihr die Agora ins Zentrum, in deren Mitte wiederum die Bule, den Rat der Stadt, zu verlegen, während Aristoteles die Befestigungsanlagen unter Gesichtspunkten des Krieges überdenkt.

Als die griechische, dann die abendländische Welt unter römische Verwaltung fällt, lösen sich diese Philosophien nicht auf; vielmehr werden sie herangezogen zur Prägung einer Tradition, eines Bezugsmodells, das rasch in das System der latinischen Autorität eingefügt wird.

Doch beginnen wir mit einer Bemerkung zum Wortgebrauch: Anders als bei den Griechen wird im Lateinischen *civis* (der Bürger) zum primären und *civitas* (die Stadt, das Gemeinwesen) zum abgeleiteten Begriff. Der *civis* ist der in Wechselbeziehung stehende Mensch, *civitas* ist die Summe der *cives*. Der Wandel ist faßbar und gewinnt heiligen Charakter durch die Sage von der Gründung Roms (Vergil, 70–19 v. Chr., *Aeneis*), der zufolge eine Handvoll Exilierter, die vor der Existenz der Stadt bereits vereint waren, in einem einzigartigen Akt, bestimmt, auf immer in den Gedächtnissen haften zu bleiben, sie als einen gemeinsamen Besitz gründen. Sie besteht lediglich aus der Summe der Individuen, aus denen sie sich zusammensetzt, die allerdings durch den heiligen Charakter der Gründung verbunden sind.

Gewillt, Platons Text neu zu schreiben und dem römischen Zeitalter anzupassen, stellt Cicero (106–43 v. Chr.) in *Über den Staat* zunächst den Gegenstand der Politik vor: jene »öffentliche Sache«, der wir den Namen eines politischen Regimes entlehnen, jene Form der Einheit der gesellschaftlichen Beziehungen, die besessen ist von einem Gründungsakt und einer Überlieferung. Die Politik profitiert, mit anderen Worten, von der Funktion der Bindung der Bürger an die Vergangenheit.

Was ist ein politischer Mensch, wenn nicht einer, der bestimmt wird von seinem Scharfsinn (auf die Vergangenheit gerichtete Reife), seiner Klugheit und der Eintracht mit sich selbst, die ihn lehrt, sein Amt nicht mit den möglicherweise daraus zu ziehenden persönlichen Gewinnen zu vermischen? Wenn er regieren soll, d. h. erhalten, was gegründet wurde, so soll er auch die Meinung überzeugen, ja überreden können, muß er doch unablässig auf das Prinzip zurückkommen, demzufolge es zur Natur eines Volkes gehört, vereint zu sein durch ein gemeinsames Interesse (I, XXV, 39). Wo kein gemeinsames Vorhaben mehr besteht, gibt es kein Volk, heißt es in den berühmten Seiten dieses Werks, die dem »Traum Scipios« gewidmet sind, diesem Ahnen, der für alle Generationen Vorbildcharakter besitzt (gewissermaßen Ciceros Sokrates). Der politische Mensch muß ein solches Vorhaben bewahren, indem er dank der Autorität der Alten (majores), der Gründer, die Zwietracht überwindet.

Ihren vollen Sinn gewinnen Ciceros Aussagen jedoch aus dem Bezug zur stoischen Philosophie, deren Vulgarisierung sie gleichsam darstellen. Zwei zentrale Gedanken gewinnen durch diese Inspiration Gestalt: ein erster, der sich mit der Idee eines blinden Verhängnisses kosmischer Kräfte (wahres Gesetz oder richtige, ewige und unwandelbare Vernunft) abfindet (*apatheia*); ein zweiter, der, aus dem ersten hervorgehend, durch Entwicklung der Sorge um sich selbst und der Gewissensprüfung Haltungen des Widerstands oder der Aufsässigkeit gegen den mit der rechten Vernunft unvereinbaren Despotismus der Kaiser auslöst.

Sieht sich der Stoizismus dazu berufen, die Kunst, wie sich inmitten von Zwietracht und Knechtschaft leben läßt, eine von der Einheit von Individuum und Universum geprägte, gegenüber äußeren Ereignissen gleichgültige Weisheit zu formulieren, so zeichnet sich die einzig angemessene Politik in einem Denken ab, das über die Aktualität des Heils des Menschen in der Abstraktion einer Menschheit befindet, die als eine vollkommene Gemeinschaft angesehen wird, die über keine anderen Gesetze verfügt als die des Universums, in dem sie verschwindet und das sie zugleich zum Ausdruck bringt. Wiederholt erklärt Cicero, diese Philosophie enthalte eine kosmopolitische These (ein von einem vernünftigen Gesetz bestimmtes universelles Gemeinwesen). Auch wenn sie unfähig bleibt, sich die Veränderung des Faktischen zum Ziel zu erheben, formuliert sie gerade in ihrer Resignation die Existenz eines vernunftgemäßen höheren universellen Rechts, das die unmittelbare gesellschaftliche Einheit (Gebräuche, Ahnen) zu befördern vermag.

Wie auch das Vorhandensein einer Reihe von das Alltagsleben bestimmenden Tugenden, auf daß der Bürger sein Amt nach universellen Normen erfüllen kann: dem anderen nicht zu schaden, jedem das ihm Gebührende zu geben, ehrenhaft zu leben (Cicero, *Vom pflichtgemäßen Handeln*).


*Philosophie und Politik*

Welcher Schluß ist aus dieser die (klassisch-hellenistische) griechische wie die römische Welt überlagernden und den Alltagsvorstellungen kraß widersprechenden Erfahrung zu ziehen, wonach das Gute die Norm des Handelns darstellt, wenn nicht der, daß die politische Philosophie sich darin zum Ziel nimmt, das lebendige Verhältnis von Universum, Mensch und Gemeinwesen (sei es auch das Universum selbst), worauf der Mensch nicht verzichten kann, rational zu denken? In ihm ist der Gegensatz zwischen Mensch und Gemeinwesen oder Staat ebensowenig denkbar wie der zwischen dem Menschen und dieser Welt, deren Ordnung als ein Lernmodell fungiert. Außerhalb dieser Beziehungen, in denen das Wort die zentrale Rolle spielt, gibt sich der Mensch nicht preis.

Das politische Wort, an den anderen adressiert, aber auch das eigene Selbst bildend, hält sich an der Schnittstelle von *doxa* (Meinung) und Wahrheit. In der Politik tötet allzuviel *doxa* das Gemeinwesen, dafür trennt eine isolierte Wahrheit radikal sowohl die Bürger untereinander als auch den Führenden vom Volk. Wie läßt sich das richtige, gerechte Verhältnis zwischen dem Vielen und dem Einen, zwischen dem Volk und dem Führenden erkennen, damit der Mensch immer wohlerzogen, gebildet bleibt und erinnerungswürdige Handlungen vollzieht, deren Glanz dann wieder auf das Gemeinwesen zurückstrahlt? Jedenfalls gibt es dieses richtige Verhältnis, das die politische Anteilnahme des Philosophen rechtfertigt, ohne daß er völlig sein Denken korrumpieren muß.

Mit Ausnahme der Epikurs bekräftigen alle diese Philosophien die Würde des Politischen und versuchen, das rechte Maß des Gemeinwesens zu bestimmen; mehr oder minder außerhalb ihres Denkens bleibt eine Veränderung der Macht, das Bemühen, über die sozialen Herrschaftsformen zu befinden, über die Gemeinwesen, deren Ordnung durch die klare Herrschaftsbeziehung zwischen Regierenden und Regierten geprägt wird, in Abhängigkeit von jenem legitimierenden Rahmen, den die Ordnung des Kosmos oder die Transzendenz seiner Ursache bereitstellt. Sie bleiben Philosophien, die vom Glauben an eine natürliche, durch eine Transzendenz bestimmte Ordnung ausgehen, eine Ordnung, auf die man sich nur zu beziehen braucht, will man Handlungen einen Zweck zusprechen und sittliche Normen rechtfertigen. Es ist von daher klar, daß sie sich der Erfindung von historisch Neuem verweigern und das Feld des Möglichen auf die Korrektur von Auswirkungen des Verfalls und der Zersetzung, die sich den authentischen Formen aufprägen, beschränken, auf eine Regeneration, der jeder Wille zur Veränderung fehlt.

Umgekehrt läßt sich an ihnen die Notwendigkeit ablesen, die Politik in ihrer Unabhängigkeit von der Stärke, der Gewalt, vom Schicksal zu postulieren, auch wenn sie in ihrem jeweiligen Einsatz differieren: Sind die Griechen bestrebt, die Autorität der Wahrheit zu etablieren, so die Römer die Autorität der Gründung. Politik öffnet den Menschen hin zur Dimension des Gemeinwesens. Das Politische entwickelt sich in dem und durch das Gesetz, genau dort, wo der Mensch sich vom Tier und von den Göttern unterscheidet. Wo er sittliche Normen und das Wort verwenden muß, um erfolgreich handeln zu können und, wenn möglich, die wesentliche Ordnung des Gemeinwesens, die ihm zu leben ermöglicht, zu verewigen.

# *Kirche und Politik in der mittelalterlichen Theologie*

Im Rahmen des christlichen Abendlandes signalisiert die Schließung von Platons Akademie in Athen (529 n. Chr.) durch den römischen Kaiser Justinian eine Neubestimmung der intellektuellen Strukturen, der Forschung und der Deutungen. Das lateinische Christentum, bald durch die scholastische Theologie weitergeführt, begründet in der politischen Philosophie eine neue Konfiguration, die, auch wenn sie verkannt wird, von hohem Standard ist.

Diese Konfiguration, die sich zwischen der Spaltung des Römischen Reichs (395, Okzident-Orient), dann seinem Untergang (476) und der Einnahme Konstantinopels (das »neue Rom«) durch die Türken (1453) entfaltet, hat eine soziale Basis. Profil gewinnt sie in der Abhebung von der griechischen Philosophie (in den Vorderen Orient und nach Alexandria ausgewandert), der jüdischen Philosophie (lebendig bis zur Vertreibung der Juden aus Spanien 1492) und der arabisch-moslemischen Philosophie (das Jahr eins der Hedschra liegt im 7. lateinischen Jahrhundert). Vor allem ist ihr konzeptueller Antrieb ein anderer: Die westliche mittelalterliche Welt räumt dem Wort Gottes, dann der Theologie eine privilegierte Stellung ein; ihnen ist die Philosophie, seit den Griechen als soziale Realität begründet, untergeordnet.

Die historischen Bedingungen der Ausbreitung des Christentums sind hinlänglich bekannt – es verspricht jenes Modell von Gemeinwesen (einzig, vereinigt), das die kaiserliche Politik zum Zusammenhalt des Imperiums braucht (380 n. Chr.) –, weniger dagegen seine konzeptuelle Struktur. Diese entwickelt sich nicht auf einen Schlag, vielmehr wird die Spannung zwischen den Doktrinen immer wieder geschürt durch unterschiedliche Deutungen der Heiligen Schriften, durch kulturelle Grenzgänger, durch die Übersetzung, via Byzanz, der Werke Platons und die Weitergabe, über den Islam, weiterer griechischer

Texte in die lateinische Welt. Mit der Einrichtung der *universitas* (der mittelalterlichen lateinischen Universitäten), die den vereinheitlichenden scholastischen Denkmodus propagieren, nimmt die Nachfrage nach Philosophie weiter zu, wie auch ihre Stützen sich erweitern: die *Bibel*, die philosophische Überlieferung und die katholische Theologie (*katholikos*, griech., mit der Bedeutung: universell), die durch Boethius (480–524) eröffnet werden, aber auch weitere neuentdeckte antike philosophische Texte (Platon, Aristoteles, Cicero).

*Die Herrschaft des göttlichen Gesetzes*

Aus der dem Machtzentrum nahestehenden klerikalen Kultur entwickelt sich eine politische Philosophie, die zunächst als Mittel zur Erbauung der Herrscher und des Palastes gilt (Karl der Große etwa ließ sich gern aus dem *Gottesstaat* von Augustin vorlesen). Aus dem *Brief des Paulus an die Römer* schöpft sie die Idee einer allen Menschen von Gott in Form des Gesetzes auferlegten höheren Ordnung (»Jedermann sei untertan der Obrigkeit, die Gewalt über ihn hat«, *Römer* 3, 1). Die Macht des Schwerts wird den Fürsten übertragen, diesen Dienern Gottes. Von den beiden Reichen, dem (geistigen) Reich Gottes und dem (weltlichen) Reich des Kaisers, stellt sich dieses in den Dienst des ersten, denn das erste begründet das zweite Reich. Eine neue Regierungsweise entsteht, die Theokratie (*theos*, Gott, und *kratos*, Herrschaft, kurz, eine von Gott gewollte und gerechtfertigte Macht), die Verschmelzung einer Legitimation der Staatsform durch das Wort Gottes und einer politischen Dimension der theologischen Gewißheit. Das politische Denken Europas springt von der *civitas* zurück zu *regnum*, zum Königreich (Christus als König).

Die zur Magd der Theologie, des Wortes Gottes, gewordene Philosophie entfaltet sich nun in einer klerikalen Kultur. Die mit der Gegenwart des Himmels und der Offenbarung angelegte Spannung darf dennoch nicht die Wirklichkeit des Gegensatzes zwischen den Zehn Geboten (Moses), dank deren die

Hebräer ein Volk geworden sind, und den menschlichen Mächten vergessen machen. Am Diesseits verzweifelnd, propagieren die ersten Christen immer wieder antipolitische Einstellungen. Richtig ist, daß die politischen Probleme nicht mehr die des griechischen staatsbürgerlichen Lebens sind, das seinen Weg über den *logos* nimmt, unter Leitung jener Ersten Ursache (das Gute), die doch auch Vorbildcharakter für den christlichen Gott gewinnt. Zudem erweitert sich in einer vom stoischen Kosmopolitismus übernommenen Sicht die Reflexion zum neuen katholischen Universalen. Darin herrscht ein *pathos*, der Gehorsam gegen Gott (ewige Gesetze, Gutes, Einheit), mit dessen Willen (*fiat lux* oder natürliches Gesetz und Recht in der Welt und im Menschen als Bilder des ewigen Gesetzes) die Menschenordnungen (weltliches Gesetz) nicht immer übereinzustimmen scheinen.


*Der Gottesstaat nach Augustinus*

Aufgrund der Erbsünde unterliegt das Naturgesetz der Verderbnis, wissen sich die Menschen zerstreut. Dennoch macht Gott mit einem besonderen Schöpfungsakt das Leben im Gemeinwesen notwendig, um die Folgen des Sündenfalls (Egoismus, Rache) zu mildern, wobei er freilich die Macht behält, je nach Laune, wie im tragischen Schicksal von Sodom und Gomorrha, die Sitten umzustürzen.

Da die Staaten und Gemeinwesen als Gefallene nur noch unvollkommen teilhaben am ewigen Gesetz – das führen die Brudermorde vor, aus denen sie hervorgehen, dem Beispiel Kains gemäß, dem ersten Gründer eines Gemeinwesens –, werden sie jetzt von den Menschen geschaffen, sind sie irdische Werke, künstliche, also vergängliche Gesetze. Davon zeugt wiederum das Unglück der Plünderung Roms – jener Stadt, die den Römern ewig dünkte – durch den Barbaren Alarich (410). Diese allgemeine Hinfälligkeit der Staaten und Gemeinwesen rechtfertigt die Macht, die in der Kirche dank der Kirchenväter Gott gegeben werden soll. Womit viele sich in die Pflicht genommen sehen, aus den *Heiligen Schriften* eine Politik zu schöpfen, eine Politik, zu deren Verkünder sich Augustinus (354-430, *Der Gottesstaat*, verfaßt zwischen 412 und 427) am Übergang von der römischen zur mittelalterlichen Welt macht, während er durch den Bezug auf Christi Opfer für die Kirche die römische Autorität der Gründung – Romulus als Mörder von Remus – zurückgewinnt.

Der Traum, hienieden einen vollkommenen Staat zu begründen (Platon, die Stoiker), hat keinen Sinn. Angesichts der irdischen Unbeständigkeit überläßt sich die Philosophie der *res publica* völlig dem Gegensatz zwischen göttlichem und menschlichem Gesetz, letzteres gedacht als Verfallserscheinung des göttlichen Gesetzes. Einen vollkommenen Staat kann es nur im Jenseits, diesem Vorbild für den Sünder, geben. Ob über das alte Gesetz nachgedacht wird (Bund mit Abraham und Moses, ablesbar in der *Thora*, Gott läßt dort den Menschen teilnehmen am Aufbau eines Gemeinwesens) oder über das neue (Christus erinnert daran: »Man sagt euch... ich aber sage euch...«): allein die himmlische Republik, das himmlische (ewige und unsichtbare) Jerusalem formuliert das wahre Gesetz. Dieses gibt präzise Vorschriften vor. Für den Menschen hier im Diesseits bleibt das einzige Bindungen stiftende Gemeinwesen der Gottesstaat, als deren Vertreter sich die Kirche präsentiert.

Außer in ihren mystischen Strömungen, die überdies die Vernichtung der menschlichen Institutionen fordern, zwingt sich die christliche Politik jener spätrömischen Zeit, die Politik der sich politisierenden Kirche, zur Reflexion über das Verhältnis von göttlichem und irdischem Gesetz, über die Mittel einer Teilhabe (Kommunikation) der Welt hier unten (verderbt) und der Welt da oben (Vorbild), ohne daß dabei eine natürliche Soziabilität formuliert wird. Die Fragen nach der Quelle des Gesetzes, den Auseinandersetzungen zwischen Papst (geistlicher Macht) und Königen (politischer Macht), den Streitigkeiten zwischen den religiösen Orden haben bewirkt, daß die Politik auf den Gesellschaftskörper ausstrahlt. Triebfeder ist die Beziehung des Sünders zu Gott unter der Regel einer zur politischen Institution gewordenen Kirche. In diesem Heilssystem steigen die Spannungen und vervielfältigen sich die Einsätze, als die Legitimation der zwangsläufig ungerechten, weil allein dem Willen der Menschen entspringenden Mächte in Frage gestellt wird. Glücklicherweise entgeht dieser Wille unter dem Schutz der Kirche nicht seiner Korrektur!

*Die Funktionen der Kirche*

Die Teilhabe des weltlichen Gesetzes am ewigen Gesetz bleibt jedoch in einer Weise bestehen, daß die Anweisungen des Glaubens auch im profanen Bereich verwendet werden können. Um nicht in den Manichäismus (Gegensatz zweier Glieder ohne Kommunikation) zu fallen, umfaßt diese politische Philosophie drei Glieder: zunächst den Willen Gottes, der jene unter seiner Herrschaft vereint, die ihn lieben; das irdische Gemeinwesen, das durch Eintracht, Interesse oder Disharmonie (Babylon bedeutet »Verwirrung«) die Vielzahl der Menschen zusammenfügt, denen zuweilen die Liebe zu weltlichen Dingen gemeinsam ist; zwischen diesen beiden steht die Kirche (die irdische Gestalt des Gottesstaats), die von dieser Erde aus das wahre Jerusalem verkörpert. Kein Zweifel, daß die beiden ersten Glieder Erbteil aus der *Heiligen Schrift* sind; alle greifen darauf zurück. Im Lukas-Evangelium steht die neutestamentarische Episode von den zwei Schwertern, dem materiellen (das Weltliche, das Moment des *regnum*), und dem geistlichen Schwert (*sacerdotum*), die in die Frage mündet: »Was anders sind also Reiche, wenn ihnen Gerechtigkeit fehlt, als große Räuberbanden?« (*Der Gottesstaat*, IV, 4)

Die Kirche richtet sich zwischen diesem Gegensatz ein, um ihm ein Gründungsgedächtnis einzuschreiben und sowohl den Rechtsstudien, mit denen der Frieden gefördert werden kann (Isidor von Sevilla, 560–636, macht sich mit dem römischen Recht vertraut), als auch den das *Evangelium* beseelenden Friedenseinstellungen, mit denen sich auf die Herrschaft eines mit der *Heiligen Schrift* übereinstimmenden, hierarchisch gegliederten gesellschaftlichen Verhältnisses einwirken läßt, Kraft und Geltung zu verleihen. Von der Kirche, dem Keim der Erde, geweiht, gilt das Gesetz als gerechte und heilige Anordnung.

Tatsächlich wird Augustinus aufgrund der von ihm vertretenen Kontinuität zwischen Glauben und Vernunft zu einer politischen Philosophie gebracht, die die Ordnung der verschiedenen Elemente des Universums, die unterschiedlichen Institutionen und das Band der Menschen untereinander unter dem Versprechen von Belohnung und Bestrafung zusammenbringt. Zunächst einmal besteht diese Philosophie im Versuch der Restaurierung des Naturrechts (Bild des ewigen Gesetzes in der menschlichen Seele), dessen Merkmale aus einer theologischen Exegese gewonnen werden: Dem anderen nichts antun, was man nicht selbst erleiden möchte, jedem das Seine geben (XIX, 21). Sie artikuliert sich, zweitens, in einem Grundsatz: »Wo keine Gerechtigkeit, da auch kein Staat.« (XIX, 21) Insgesamt unterstellt sie das menschliche Gesetz, seine Notwendigkeiten und juridischen Aktivitäten, der »gerechten« Autorität der Kirche, jener souveränen Gesellschaft, der Christus die Königreiche dieser Welt wie auch die Ökonomie des Heils unterstellt hat.

Eine derartige politische Philosophie wird in den Doktrinen der Klostergründer in den späten Jahrhunderten des Römischen Reichs rasch ihren Niederschlag finden. Von Ambrosius und Hieronymus bis zu Benedikt (dem Gründer des Benediktinerordens, des Klosters von Monte Cassino 529, dem Zeitpunkt der Schließung der Athenischen Akademie) findet sie gleichsam ihre stoffliche Übersetzung in Stein (das Kloster ist ein dem Jenseits zugewandter Mikrokosmos). In den Klosterregeln führt sie in die Konstruktion einer pastoral geprägten Theorie der Autorität und des Wissens: Die Kirche – oder der geistliche Vater (der Abt) – trägt die Verantwortung für die Gläubigen oder die Mönche, unterhält ihren Glauben in Buß- (Beichte und Bekenntnis) und Verdienstpraktiken, die Beziehungen der Autorität und persönlichen Abhängigkeit zwischen den Mitgliedern der christlichen Gemeinschaft und dem Vater begünstigen. Nicht alleinige Abhängigkeit des Menschen vom Gemeinwesen wie in der griechischen Antike wird postuliert, vielmehr neben der Abhängigkeit vom Gemeinwesen noch zusätzliche Abhängigkeit vom geistigen Hirten oder religiösen Führer gefordert. Gehorsamkeit wird zur Tugend, der Gläubige hat sich durch Askese der delegierten Autorität des Hirten zu unterwerfen, der ihn im Gegenzug wieder stützt, da er seine Sünden kennt, zugleich aber auch dem Recht des Gemeinwesens, das ihn beschützt und ihm ermöglicht, sich den Mächten der Natur zu entziehen.

Aber welcher Spielraum ist dem politischen Handeln in einer solchen Philosophie gegeben? Tatsächlich ein sehr viel größerer, als man nach Lektüre dieser politischen Philosophien in ihrer monarchischen Verdichtung, in der Gott jeglichen verändernden Eingriff in den Lauf der Dinge zu verbieten scheint, haben könnte.

Der fortwährende Gegensatz zwischen der Autorität des von Gott geoffenbarten Gesetzes und den menschlichen Mächten gibt einer möglichen Kritik des positiven Rechts statt. Dieses bedeutet nichts, wenn es nicht auch den Willen Gottes widerspiegelt. Plötzlich wird, unter bestimmten Umständen, der Rekurs auf Gott kritisch. Er drängt zum Handeln. Nicht immer ist der Autorität Gottes verboten, bestimmten etablierten Mächten zu widerstehen, und dies letztlich bis in unsere Tage: Johannes Hus (1370–1415, dem zufolge Tyrannenmord einem Gläubigen zum Verdienst gereicht und der dafür vom Konstanzer Konzil 1415 zum Tod auf dem Scheiterhaufen verurteilt wird), Girolamo Savonarola (1452–1498, italienischer Dominikaner, der das Schwert des Herrn zur Erneuerung Seiner Kirche anrief) zeugen noch an der Schwelle zur Neuzeit von einem politischen Heil, das unter der Ägide des ewigen Willens Gottes die ungerechten und zufälligen menschlichen Gesetze verhöhnt.

Die Revolutionstheologien des 20. Jahrhunderts bestimmen überdies die Gattung neu: Wo keine Gerechtigkeit, da keine politische Gesellschaft. Der Glaube, einem Heil zugewandt, das die Seele nie gleichgültig läßt, wie auch religiöse Kräfte lehren in bestimmter Hinsicht Wahrheiten, die in den Augen der Mächtigen oder der etablierten Kirche Wahnsinn darstellen. Aber ist nicht gerade ihr absurder Charakter zuweilen Garant ihres Wahrheitsgehalts? Auch wenn das politische

Verhalten massiv der Unterwerfung verfällt, auch wenn die meisten politischen Theorien die Macht und die fürstlichen oder kaiserlichen Hierarchien mit der Autorität Gottes rechtfertigen, bleibt es immer möglich, die Vorstellung geltend zu machen, daß die Schöpfung Beziehung ist. Womit sie nicht ertragen, sondern errichtet werden muß. Dann ist Handeln möglich, um im Namen Gottes das Bestehende zu korrigieren.

*Die islamischen Grenzgänger*

Wird in diesem philosophischen Dispositiv die durch den Rückgriff auf das göttliche Gesetz eröffnete Perspektive unter anderen Auspizien als denen der Bezugnahme auf Platon betrachtet? Tatsächlich wird sie ja als Neuplatonismus bezeichnet. Sie legitimiert dauerhaft die Theokratie (*theos*, Gott): »Ein einziger Führer, ein einziges Prinzip, ein einziger Gott«, sagt der Byzantiner Michael von Ephesus noch im 12. Jahrhundert. Genügt sie, um die erkannten politischen Fragen zu lösen?

Bevor sich das Papsttum in weltliche Macht verwandelt, kommt die Erneuerung des Denkens, zumal des politischen Denkens, aus einer anderen Region der Welt. Die Stiftung des Islam (»die freiwillige Unterwerfung unter den Willen Gottes«) zwischen 610 und 622 in Mekka durch den Propheten inspiriert neuartige Lehren. Der Prophet, zur Emigration gezwungen (*Hedschra*), Gesetzgeber des Staats von Medina (622-632), spricht Rechtsnormen aus, die ihm durch Offenbarung diktiert wurden (der *Hadith*, die Überlieferung von den Aussprüchen und Taten des Propheten). Sie werden in der Folge in koranischen Vorschriften zusammengefaßt (*Scharia*). Seine Herrschaft ist identisch mit der Herrschaft Gottes. Die späteren Kalifen (*khalîfa*, legitimer, chronologischer Nachfolger), insbesondere die bald zum Islam übergetretenen Kalifen von Bagdad, konzentrieren ihre Überlegungen wesentlich auf die Frage ihrer Legitimität.

Um zu Antworten zu kommen, begünstigen sie – bei den Intellektuellen und Gelehrten, die nicht zwangsläufig Geistliche oder Theologen sind – die Verbreitung des rationalen hellenistischen Erbes vermittels Übersetzerkollegien (darunter das 832 gegründete »Haus der Weisheit«): Die Dialoge Platons, vor allem aber nahezu das gesamte Werk von Aristoteles wie auch die Werke von Euklid und Ptolemäus werden hier übertragen. Durch die späteren Moscheen von Toledo und Córdoba (12. Jahrhundert) wurde es Europa ermöglicht, sich erneut mit diesen während des Römischen Reichs verlorengegangenen Schriften wie auch mit der in der islamischen Kultur entwickelten Naturwissenschaft und Kunst auseinanderzusetzen.

Die Thesen der frühen islamischen Philosophie stellen noch in einem großen Umfang vornehmlich Kommentare zum Platonismus dar. Al Kindi (786–873) macht die Philosophie im arabischen Kulturraum heimisch, aber interessiert sich nur wenig für politische Fragen; dagegen entwickelt Al Farabi (872–950) in einer kühnen Synthese von Platon und Aristoteles eine Platons *Staat* sehr nahestehende Staatstheorie. In seiner *Abhandlung über die Meinungen der Bewohner der tugendhaften Stadt* verficht er eine moslemische Version des Imams als Philosoph und König. Die Gemeinschaft erheischt eine der Hierarchie des Universums würdige Harmonie, und diese entspringt der Leitung des Fürsten-Philosophen und Imams, des einzigen Führers, der fähig ist, die zerstreut lebenden Menschen mit dem Einen (Gott) zu vereinen, die Verstandeskraft des Göttlichen mit der Weisheit zu verbinden. Wird diese Aussage tatsächlich nicht von der Autorität des Aristoteles gedeckt, wenn man in dessen *Metaphysik* (12. Buch) auf jenes Zitat Homers aus der *Ilias* stößt: »Nimmer ist gut Vielherrschaft der Welt; nur Einer sei Herrscher!« Der Kalif verfügt über von Gott gewollte unbeschränkte Macht (Theokratie), er wird unfehlbar und kann nicht abgesetzt werden. Die Regierten sind bar aller Rechte.

Eine intellektuelle Strategie – die des abbassidischen siebten Kalifen Al Mamun gegen die Perser – macht die Notwendigkeit spürbar, eine andere Philosophie zu entwickeln. Die Perser wollen die Araber mit Hilfe des Parsismus (eine Religion indoiranischen Ursprungs) und des Manichäismus (Religion von Mani, 216 n. Chr.) in Verruf bringen; um dem zu begegnen, scheint es sinnvoll, Werke ihrer Erbfeinde, der Griechen, zu übersetzen und zu verbreiten. In einem von Avicenna (arab. Ibn Sina, 980-1036) systematisierten islamisch-arabischen Denken gewinnt die Lektüre der Texte von Aristoteles, der bald als erster Lehrmeister (*magister primus*) anerkannt wird, Vorrang über die der Werke Platons.

Das namhafte Werk des Averroes (arab. Ibn Ruschd, 1126-1198), in Andalusien (*Al Andalus*) und im Maghreb (Westen der arabischen Welt) verfaßt, untergräbt rasch die Unterwerfung des Wissens sowohl unter die religiöse Instanz als auch unter den Neuplatonismus. In diesem Prozeß der Entbindung gestaltet die Philosophie nicht nur ihre Beziehungen zur Theologie neu (jede der beiden besitzt ihre Prinzipien und Methoden, auch wenn sie fortan am selben Ziel mitwirken), vielmehr gewinnt die Frage des menschlichen Gesetzes Autonomie gegenüber der des göttlichen Gesetzes, an dem es nicht mehr teilzuhaben braucht. Der diesseitige Staat stellt sich unter den Schutz der Vernunft, während das Jenseits noch unter dem Bann der Religion bleibt. In Grenada arbeiten Philosophen noch einmal das Problem der Quellen des Rechts und des Staats durch, während in Tunis Ibn Chaldun (1332-1406) sich die menschliche Zivilisation sowie die Modalitäten, unter denen die Stifter von Dynastien ihre Macht konstituieren, zum Untersuchungsobjekt vornimmt.


*Vom Richter-König zum Gesetzgeber-König*

Dank des fruchtbaren oder doch nicht folgenlosen Kontakts zum Islam (Handel, Kreuzzüge usw.) beginnt in Europa die Zirkulation bislang unbekannter Texte, in deren Verlauf schließlich das alte Denken ins Wanken gerät. Den meisten intellektuellen Gewinn zieht daraus Thomas von Aquin (1228-1274), der auf diese Impulse mit einem Hauptwerk des Mittelalters reagiert: *Von königlicher Regierung* (*De Regno*, 1265-1274). Die Schrift, mit dem Untertitel *Ad regem Cypri* (Für den König von Zypern, in diesem Fall Hugo II. von Lusignan), weist den Leser von Beginn an darauf hin, daß er von den Grundsätzen einer christlichen Politik auszugehen hat, die die gesellschaftliche Einheit der Norm der Offenbarung unterwirft. Unter die beiden antiken Metaphern von der Leitung des Bootes in den Hafen und des Hirtentums stehend, hat die Politik ihre Aufgabe beim Erlernen der gerechten Gesetzgebung, der Anordnung der Dinge und Menschen unter dem Gesichtspunkt natürlich des gemeinsamen Guts, vor allem aber auch der göttlichen Gerechtigkeit: »Wehe den Hirten Israels, die sich selbst weiden [sich selbst bereichern]! Sollen die Hirten nicht die Herde weiden?« kündet der Autor unter Zitierung Hesekiels (XXXIV).

Die Argumentation Thomas von Aquins nimmt unter der Lektüre der aristotelischen Arbeiten Gestalt an. Und gewinnt ihren Sinn im theologischen Rahmen der Transzendenz und Vertikalität: Gott (erster Urheber und Antrieb) ist der Lenker, Gesetzgeber von allen Dingen (*Summa theologica*, Frage 103), denen er Sein ewiges Gesetz auferlegt. Studiert man die Schöpfung der Dinge und ihre Unterschiedenheit, betrachtet man den geschaffenen Kosmos im allgemeinen, versteht man mühelos, daß die Welt regiert, gelenkt wird. Die in den beweglichen Dingen erwiesene ewige Ordnung beweist sichtbar die Existenz dieser Lenkung, da jedes handelnde Ding in Hinsicht auf ein Ziel, ein Gut handelt.

Worin beruht das Ziel dieser Lenkung? Die Vorsehung enthüllt ein Prinzip der Ordnung und des Maßes, prägt den Handlungen und Bewegungen eine Richtung auf (das am ewigen Gesetz teilhabende Naturgesetz), in Hinblick auf ihre Verbindung, darauf, sie zu verpflichten zu handeln, um eine Ordnung von Zwecken zu erreichen. Ein gleicher Schluß läßt sich aus der Betrachtung der göttlichen Güte ziehen, durch die alle Dinge geschaffen wurden. Denn da ein vollendeter Urheber nur vollendete Dinge erschaffen kann, würde es der souveränen Güte Gottes widersprechen, die von ihm geschaffenen Wirklichkeiten nicht zur Vollendung zu führen. Nichts wird außerhalb der vollkommenen Ordnung der göttlichen Lenkung geschaffen.

In dieser Theologie sowie der *Politik* von Aristoteles verankert, geht die politische Philosophie sofort über zur Formulierung von Prämissen, die nicht mehr, wie zuvor die Philosophie von Augustinus, versuchen, ein göttliches Urbild zu bestimmen, deren Verfall die irdischen Staaten darstellen, noch die Soziabilität unmittelbar Gott zu unterwerfen. Die irdische Ordnung wie die Soziabilität erweisen sich vielmehr als natürlich und zur Vollendung hingewandt. Keiner denkt menschliches Leben als solitäres. Die Familie und die Gesellschaft der Bedürfnisse sind dem Menschen natürlich, denn sie garantieren das (Über-)Leben (*primum vivere*). Doch der Mensch besitzt auch Vernunft und Sprache. In diesem Sinne ist er ein *politisches Tier*: »Die Natur des Menschen will, daß er ein gesellschaftliches und politisches Tier sei, das in Gemeinschaft lebt.« Damit sind zwei Hindernisse überwunden: der Glaube, daß die Gesellschaft lediglich ein dem moralischen Faktum entzogenes Naturfaktum sei; der andere Glaube, daß die Gesellschaft lediglich ein moralisches Faktum konfiguriere. Zur gleichen Zeit wird eine Aussage des Naturrechts fixiert: Man darf dem anderen nicht Schaden zufügen. Das bedeutet, daß der Zweck des Gemeinwesens nicht das Leben heißt; denn damit ähnelten die Gemeinschaften zwangsläufig nur einer bloßen Ansammlung unterschiedlicher Akteure. Der Zweck heißt: das volle Leben (*vitae sufficientiam perfectam*), dieses gemeinsame Gut, das über der Summe partikulärer Güter steht.

Um die Menschheit auf ein solches Richtmaß, einen aktiven Schutz, zu heben, ist ein lenkender, ein gesetzgebender König erforderlich: »Wenn denn die Natur des Menschen will, daß er in Gesellschaft lebe, ist es notwendig, daß unter den Menschen einer sei, der die Vielheit regiert« (*Summa theologica*, 1, 96). Überdies liest man jenes Gebot von Salomon (*Sprüche Salomons*, 11, 14): »Wo nicht weiser Rat ist, da geht das Volk unter...« Wie könnte nicht verstanden werden, daß – da die Gesellschaft vom Schöpfer gewollt ist – die Autorität, deren Funktion es ist, die Bewegung der Dinge auf ihren Zweck hin zu ordnen, wie auch die Gerechtigkeit vollkommen von Ihm gewollt sind; das läßt sich auch am Modell des hierarchisch aufgebauten Universums feststellen.

*Die politischen Regierungsformen nach Thomas von Aquin*

Wer die Verpflichtung auf sich nimmt, eine politische Regierungsform zu bezeichnen, muß wählen. Thomas von Aquin übernimmt, dabei sie an die *Bibel* anpassend, die platonische Klassifizierung der Regierungsformen: Es gibt drei gute (die Monarchie, die Aristokratie und die Republik bzw. die von einer zahlenmäßig großen Gruppe von Bürgern ausgeübte Regierung), drei davon abgeleitete, wenn das Interesse des Regierenden vorherrscht (die Tyrannis, die Oligarchie, die Demokratie bzw. Herrschaft des die Reichen unterdrückenden Volkes). Daneben gibt es noch einige Mischformen. Thomas von Aquin geht bei seiner Klassifikation nicht nach der Zahl allein vor, sondern ist vielmehr bestrebt, die Kompetenzen der einen wie der anderen aufzunehmen. Er sucht sich zudem an biblische Stellen zu erinnern, wo Moses eine gute Regierung einrichtet. Steht nicht zum Beispiel geschrieben, daß Israel einmal während einer politischen Krise nicht mehr von den Richtern regiert werden wollte und einen König forderte, dessen Attribute und Prärogative Samuel definiert: mit heiligem Öl gesalbt und von Gott auserwählt?

Somit verspricht die Monarchie die größte moralische Einheit. Dies läßt sich auch noch anders rechtfertigen. Nämlich mit der aristotelischen Theorie der Ursachen: Der König ist gleich dem Individuum (wirkende Ursache), es regiert (Formursache) die Vielheit des Staats (materielle Ursache) in Hinblick auf das gemeinsame Gut (Zweckursache). Oder auf theologische Weise: Die Regierung durch ein Prinzip erschließt sich als die beste; der Beweis ist das Vorbild, das Gott in bezug auf die Schöpfung darstellt. »Dies zeigt klar, daß der Begriff des Königs beinhaltet, daß der Anführer einer sei; daß er ein Hirte sei, der das gemeinsame Gut des Volkes sucht und nicht seinen persönlichen Vorteil.« Außerdem: »Und immer ist's Gewinn für ein Land, wenn ein König da ist über ein Land, das man baut.« (*Prediger Salomon*, 5, 8) Übernimmt das Mittelalter deshalb einen Sinnspruch wie: »Der König kann nicht schlecht tun«? Der König ist nicht mehr nur Richter, er ist Gesetzgeber, Lenker.

Was nun aber mit Tyrannen tun, die den Völkern keine Gesetze geben, sondern gefährlich mit der Gewalt spielen? Thomas von Aquin ist gegen die private Initiative eines Verbrechens, jener tödlichen Sünde des Aufruhrs, die zur Ermordung des Tyrannen schritte. Hingegen lehnt er es nicht ab, daß eine von einer öffentlichen Autorität bewaffnete Hand diesen Akt vollzieht. Denn genau hier ist Gelegenheit, alle daran zu erinnern, daß der König nicht wie der Papst ein Stellvertreter Christi ist, der denn auch nicht absetzbar ist (außer von Christus selbst). Der König ist nur der Stellvertreter der vielen. Er besitzt folglich nur einen Regentschaftsauftrag (*curam*), dessen Attribut das Gesetz ist, das befiehlt, verpflichtet und verbindet. Von daher erscheint der Sturz des Tyrannen, der das gemeinsame Gut vergißt, nicht als gefährlicher Akt – vorausgesetzt, das Volk wird dabei nicht in Anarchie geworfen.

Zweierlei folgt daraus. Zum einen, daß das Amt des fürstlichen Gesetzgebers darin besteht, Handlungsregeln entsprechend dem Verhältnis (verteilende Gerechtigkeit) oder der Gleichheit (umtauschende Gerechtigkeit) zu verkünden, ein gutes Leben (*bona vita*) für Untertanen zu bestimmen, deren Tugend Gehorsam ist. Deshalb wird das positive Gesetz »zur Ordnung der Vernunft, auferlegt um des gemeinsamen Guts von jenem, dem die Sorge um die Gemeinschaft obliegt, und hinreichend verkündet«. Neben der Ordnung der Untertanen untereinander verschafft er auch noch dem Volk göttlichen Glanz, den Besitz Gottes, »den Genuß Gottes durch die Tugend«.

Doch diese zweite Funktion vermag er nicht allein zu erfüllen. Die Schlüssel zum Königreich Gottes bleiben in den Händen des Papstes, der Kirche, dieser geistlichen Gesellschaft (das heilige Amt wurde Petrus anvertraut, »dem alle Könige der christlichen Völker unterworfen sein müssen wie unserem Herrn Jesus Christus selbst«). Insofern ist es die Bestimmung der säkularen Gesellschaft, dem Geistlichen unterstellt zu sein.

In der christlichen Regierungsform liegt der Zweck der politischen Gesellschaft nicht mehr in einem tugendhaften Leben schlechthin, sondern in einem erhöhten tugendhaften Leben, das auf die höchste Glückseligkeit vorbereitet. Eine von Glauben durchdrungene Vernunft. Der König ordnet die partikulären Güter an, um den vielen ein gutes Leben zu verschaffen. Dank seiner Klugheit verhilft er zu diesem guten Leben in Übereinstimmung mit den vom Willen, himmlische Glückseligkeit zu erlangen, auferlegten Handlungen. Ein berühmter Ausspruch: »Daher müssen die Könige unter dem Evangelium von Jesus Christus den Priestern unterworfen sein.« Die Macht (*potestas*) ist der *auctoritas* des Papstes (der Legitimität oder Garantie der Macht) untergeordnet. Diese Lehre wird in der Folge immer wieder vorgebracht, zum Beispiel von Ägidius von Rom (1247–1316); er erklärt, daß die Kirche das höchste *dominium* (Herrschaft, Eigentum, Grundherrschaft) besitzt, während die weltliche Macht nur über das nützliche *dominium* verfügt, die Verwaltung des Staats.

Darin also liegen der Ursprung der Macht, ihre Autorität und ihre Verpflichtungen, zurückgeführt sei's auf Zeugnisse aus der *Heiligen Schrift*, sei's auf Prinzipien der Philosophie und die Beispiele der besten Könige. Die Legitimität der Autorität der königlichen Macht verschwimmt mit der Macht Gottes. Unter regieren bzw. lenken wird danach verstanden, »jenes zu seinem Zweck zu führen, das der Autorität unterworfen ist«, mit anderen Worten, das Königreich zu bewahren, indem darin die Tugend errichtet wird, es, wenn möglich, sittlich-moralisch zu heben im Hinblick auf seine Vollkommenheit.


*Gott, die Kirche und der König*

Indem sie der königlichen Funktion diese Merkmale zuweist – nämlich die einer Politik, die nicht geschichtlich Neues hervorbringt, sondern das Bestehende unter Berufung auf einen höheren Wert korrigiert –, gewinnt die politische Philosophie die Sonderstellung, Normen festzulegen. Sie macht selbst keine Gesetze, ihr Anteil am politischen Handeln beschränkt sich darauf, an (auf Sitte und Brauchtum anwendbare) Prinzipien zu gemahnen: das korrigierende Eingreifen des menschlichen Gesetzgebers bleibt zentral, scheint sogar aufgrund des steten Verfalls der diesseitigen Welt gefordert. Das menschliche Recht, unter weiterer Verwendung römischer Texte, die juridischen Aktivitäten verbinden das Besondere, Partikulare, die historischen Kontingenzen (*loco tempore convenientes*) mit dem Allgemeinen, Universellen, während die Attribute und der Titel des Königs sich in der Gleichgültigkeit gegenüber Umständen der Zeit und des Orts widerspiegeln, in der politischen Dimension des Theologischen, der entsprechend das Königtum nie stirbt, auch wenn der individuelle Körper des Königs dahinscheidet.

Die politische Philosophie will die Einheit des Staats nach dem Vorbild einer organisch geordneten Einheit erreichen, einer Einheit von getrennten Teilen, die um ein gemeinsames und von Gott mit Leben erfülltes Ziel willen in Beziehung treten. Sie postuliert die Notwendigkeit der Verteilung dieser Teile – darunter der Priester, die für das Volk beten, der Fürsten, die es regieren, der Ritter, die es verteidigen – je nach spezifischen Funktionen. Sie erklärt, daß jedes Teil seine Aufgabe zu erfüllen habe. Der König wiederum nimmt in seinem Reich den Platz ein, den Gott im Universum und die Seele im Körper einnehmen: er lenkt.

Natürlich könnte man sich hier länger mit den bedeutenden Unterschieden zwischen den theologisch-politischen Theorien des Mittelalters beschäftigen, die sie in einen strukturellen Gegensatz bringen. So machen die einen geltend, die irdische Ordnung widersetze sich vollkommen der göttlichen Ordnung, und so müsse das Verhängnis der Natur mit Gewalt von den Soldaten Christi zurückgedrängt werden (dem Priester, dem Soldaten oder dem Priester-Soldaten?). So unterwerfen andere die gesamte politische Ordnung der Kirche. Noch andere aber vertreten – zeitlich zusammenfallend mit einer Ära relativer Flexibilität (Öffnung von Märkten und Städten) – eine gewisse Unabhängigkeit der staatlichen Macht, die damit einer allzu rigorosen Kontrolle durch die Kirche entzogen wird. Hinter diesen Divergenzen steht die Kontroverse um die »Konstantinische Schenkung«, jenes (gefälschte) Dokument, wonach der römische Kaiser dem Papsttum die Herrschaftsgewalt über das Abendland übereignet habe.

Diese Auseinandersetzungen um die Abgrenzung der Herrschaftsgewalt von geistlicher und weltlicher Macht konkretisierten sich in besonderer Weise in einem Lehrkonflikt, der in den tastenden Versuchen zur Errichtung der Monarchie seine Wurzel hat. So legt Bernhard von Clairvaux (1090–1153), der die Könige zum Kreuzzug aufruft (1147), noch eine Theorie der unmittelbaren Macht des Papstes über alle menschlichen Dinge dar (*Brief an Eugen III.*) – weil »das geistliche Schwert und das stoffliche Schwert also beide der Kirche gehören: doch dieses soll für die Kirche und jenes von der Kirche gezogen werden« –, woraus eine unterlegene Funktion des Königs hervorgeht. Das stoffliche Schwert kann nur von der weltlichen Macht gezogen werden, aber auf ein Zeichen (*nutum*) der Kirche hin und auf Befehl des Kaisers (dargestellt im *Totentanz* in der Kirche von Puys). Diese Theorie der Verfügung des Papstes über das Politische (*plenitudo potestatis*) legitimiert die Bildung einer pontifikalen Monarchie (weltliche Monarchie des Papsttums), die denn auch von Bonifatius VIII. (von 1294 bis 1303 herrschend) sehr rasch ins Auge gefaßt, theoretisiert und von Ägidius von Rom in seinem Werk *Von der Macht der Kirche* (1301) verteidigt wird.

*Die Funktionen des Papsttums angesichts der Neuen Welt*

Inspiriert vom Beispiel Ludwigs des Heiligen, lehnt dagegen Thomas von Aquin sowohl die absolute Herrschaftsgewalt des Papstes ab als auch die daraus folgende Hierarchie der Machtinstanzen. Er äußert sich zustimmend zum Übergang von der Feudalära (Lehnsherrschaft, Lehnseid) zur Ära des Königtums. Nach der These des Dominikaners sind die Einheit, Hierarchie, Sicherheit und die Ämter des Königtums von keiner priesterlichen Bürgschaft mehr abhängig. Thomas von Aquin trägt damit bei zur Vertiefung der pastoralen Theorie der Macht, d.h. Macht als Lenkung im Sinne eines Hirten. Die königliche Autorität lernt, sich wie ein Handwerk zu organisieren. Die Fülle an Problemen, auf die sie stößt, wirft zwangsläufig die Frage nach der Kompetenz der Könige auf. Müssen diese nicht erzogen werden, wenn man nicht will, daß sich die Autorität des Monarchen, auch wenn sie durch die Autorität der geoffenbarten Wahrheit gerechtfertigt ist, auflöst? Auch das tiefe Zeichen, das die Könige sichtbar tragen – die heilige Salbung, in deren Vollzug der Stirn des Monarchen die Bürgschaft Gottes aufgedrückt wird –, unterbindet nicht die Frage, ob die königliche Macht und Stärke dem König aus der Salbung zuwächst oder ob die Salbung lediglich eine bereits mit der königlichen Funktion verbundene Macht und Stärke bestätigt.

Das Problem, um das es in diesen Debatten geht, ist beträchtlich; beachtlich nicht minder der Beitrag der mittelalterlichen Universität (13. Jahrhundert) zu dessen Lösung. Denn sie beginnt jene auszubilden, die später eine Regierungsfunktion ausüben werden. Auch wenn die Macht in die Hände Gottes allein gelegt wird, bleiben zwei Konzeptionen denkbar: jene, der zufolge die Kirche ihre Vermittlerrolle und ihre Rechte gegenüber dem König einsetzen kann; und jene, nach der – unter Setzung profaner Quellen der Macht (nach dem Beispiel der Wahl der germanischen Führer) – der König eine gewisse Unabhängigkeit erwirbt. Er bleibt in einem Lehnsverhältnis zu Gott, nicht zur Kirche, und alleiniger Gesetzgeber.

Trotz der wirtschaftlichen Einsätze der Debatte (der Papst untersagte den Geistlichen, dem König Steuern zu zahlen), sind es wohl eher die äußerst lebhaften Polemiken im Anschluß an die Entdeckung der Neuen Welt, die den politischen Theorien ab dem 15. Jahrhundert eine neue Richtung geben. Sollen die indianischen Territorien als souveräne Staaten betrachtet werden? Bereits Las Casas (1474–1566) schätzt, daß die Indianer nicht Barbaren, anders gesagt, mit dem Laster gleichzusetzen sind. Da die Indianer vollgültige Menschen darstellen, belegen ihre bloße Existenz und ihre Art der politischen Organisation, daß Gott möglicherweise nicht das Monopol auf die Autorität besitzt. Es könnte durchaus sein, daß auch die Völker einen Teil davon innehaben.

Ein Jesuit, Francisco Suarez (1548–1617, *Vom Gesetz*, 1612), legt die weitestgehenden Gedanken zu diesem Thema vor. Gewillt, die Schwierigkeiten abzuwenden, die sich für bestimmte

Doktrinen daraus ergeben, daß sie die Vermittlungen zwischen den Dingen, zwischen Gott und dem Menschen, zwischen dem Papst und dem König, zwischen den Untertanen und den Fürsten fallenlassen, unternimmt er es, die Frage des (ewigen, natürlichen und menschlichen) Gesetzes neu zu entwerfen: dieses ist durch die Suche nach Gerechtigkeit unzulänglich bestimmt. Da das Gesetz anerkanntermaßen zum Gebot, zur Vorschrift wird, verweist es auf jede einzelne Machtinstanz, von der es auferlegt wird (Gott als wahrer Gesetzgeber im Fall des ewigen Gesetzes, der König im Fall der menschlichen Entscheidung). Da es weder mit einem Wunsch noch mit einem Gebet identisch ist, untersteht es einem Willen von seiten des Gesetzgebers, etwas aufzuzwingen.

Das Gesetz besteht aus einem kundgetanen Willen (Buch I), es verpflichtet wirksam die Untertanen, anders bildete es keine Vorschrift. Das Problem des Gesetzes aufzuwerfen bedeutet, nach dem Inhaber der politischen Macht zu suchen. Nur wer im Besitz der Macht ist, etwas aufzuzwingen, führt das Gesetz aus. Da nur die öffentliche Autorität diese Macht innehat, kommt folglich ihr die Gesetzgebung zu. Umgekehrt kommt es den Menschen zu, das Gesetz zu deuten: dessen Wortlaut bleibt solange dunkel, solange er nicht auf den Willen des Gesetzgebers bezogen wird.

Im Grunde erklärt Suarez, daß die Völker durchaus irgend etwas mit den Staatsgewalten zu tun haben. Diese politische Philosophie gibt damit zentrale Waffen zur Ausbildung des Politischen als von der Kirche unabhängige soziale Instanz an die Hand. Sie begünstigt vermehrt juridische Forschungen, mit denen sich die königliche Macht mit eigenständigen Rechtfertigungen versehen läßt. Als Lenker der öffentlichen Sache wird der König entsprechend seinen universellen Bürden und Aufgaben über die anderen Menschen erhoben. So kommt der Moment, da die Monarchien ihre absolutistische Wendung vollziehen.

*Die Formulierung des göttlichen Rechts bei Bossuet und Filmer*

Sollte sich die Einheit Gottes vielleicht doch, alles in allem, eher in der Person des Königs als in der des Papstes manifestieren? Der König bildet wahrscheinlich weniger ein Werkzeug des Papstes als eine von Gott ernannte Macht. So entsteht zwischen dem 16. und dem 17. Jahrhundert eine Theorie der Monarchie göttlichen Rechts, der zufolge der gesetzgeberische, lenkende König mit einer unmittelbar von Gott kommenden Macht ausgestattet ist. Nach der entsprechend vorgetragenen Konzeption des göttlichen Rechts hat der König nur Verantwortung vor Gott. Diese neue politische Philosophie spricht dem König völlige Unabhängigkeit von der Kirche zu. Die Person des Königs gilt als geheiligt, und seine Macht vermag niemand anzutasten; doch diese vollzieht sich auch nicht regellos: Das göttliche Gesetz schreibt ihm Pflichten vor, denen er sich zu beugen hat, will er nicht als Tyrann gelten.

Warum eine solche Doktrin göttliches Recht nennen? Weil der Wille Gottes (Urgebot) darin als Fundament jeder Ordnung konstituiert wird. Das Statthafte entspringt einer göttlichen Vorschrift. Die göttlichen Dekrete lehren die Legitimität und die Gerechtigkeit, weil Gott es will.

Von den Doktrinen des göttlichen Rechts haben besonders zwei einen starken Nachhall und erneuern jene Geste, mit der die Philosophen an der Erziehung der Regierenden, hier der Fürsten, teilhaben.

Im Königreich Frankreich ist es die Doktrin des Abbé Bossuet (1627–1704), entwickelt in seinem Werk *Politik, gezogen aus der Heiligen Schrift* (1677–1709). Das Buch soll die Bildung des Thronfolgers vervollkommnen (»Sie, auf dem in erster Linie ein ganzes großes Volk sich gründet ...« (Buch V, Satz 1), entsprechend einer auf dem Gallikalismus (von lat. gallicanus, gallisch, bezeichnet die katholische Kirche des Königreichs von Frankreich, als diese gegenüber dem Heiligen Stuhl auf Distanz geht) begründeten christlichen Lehre. Bossuet, der seine Zitate aus der *Bibel* schöpft, von der er bis zum Überdruß wiederholt, sie habe alles schon gesagt, und mittels Kommentaren und

Lehrsätzen voranschreitet, die in einem nicht zu übersehenden Zusammenhang zu einem früheren Werk stehen, das Untersuchungen zur Errichtung der Religionen und zu den Gründen der Veränderungen von Imperien versammelt (*Abhandlung zur Universalgeschichte*, 1681), stützt sich auf zwei Modi der Argumentation: auf die Ableitung aus der *Heiligen Schrift* und auf Deduktion. In Buch 1 skizziert er die religiöse Grundlage jeder in sich stimmigen Politik ausgehend von den Prinzipien der Soziabilität, der seit Adam eingerichteten wechselseitigen Nächstenliebe der Menschen (»Kein Mensch ist dem anderen Menschen fremd«, Satz 4) und der in der *Heiligen Schrift* angezeigten Liebe zu den Gesetzen. Gott hat die Prinzipien der Politik in den heiligen Texten festgeschrieben. Von da aus delegiert er seine Vollmachten an den König, und dieser wird mit göttlichem Recht geweiht (Buch II, Art. 1, Satz 10), seine Autorität findet ihren Höhepunkt in der Verantwortung vor dem obersten Richter, dem er »Respekt, Treue und Gehorsam« schuldet.

In den weiteren Büchern des Werks bemüht sich Bossuet, die Konzeption einer absoluten Erbmonarchie abzustützen (auf der Grundlage der männlichen Linie und von Ältestem zu Ältestem), deren Notwendigkeit er darin sieht, daß sie für die beste Regierungsweise sorgt (Einheit). Demzufolge richtet sich die königliche Autorität (das Eine) im Heiligen ein, ausgestattet auch noch mit den Merkmalen der Paternität: Kann man nicht feststellen, daß die Menschen bereits gewöhnt sind, zu gehorchen und nur ein Oberhaupt zu haben (den Vater, den Herrn des Hauses usw.)? Die praktischen Konsequenzen dieser Darstellung erscheinen vielfältig: Gegen den Tyrannen gibt es kein anderes legitimes Mittel als das Gebet; werden die Gläubigen von der öffentlichen Macht unterdrückt, bleibt ihnen nichts anderes übrig, als dem Beispiel des Sohnes Gottes folgend zu leiden, widerstandslos und ohne zu murren; die aus dem Himmel gezogene Politik ermächtigt zu verkünden, daß die Letzten der gegenwärtigen Gesellschaft die Ersten im Himmel sein werden. Dennoch, so fügt Bossuet hinzu, trägt die königliche Autorität zum Guten bei, wenn sie nicht die Vernunft vernachlässigt, wobei unter »Vernunft« hier zu verstehen ist: »vernünftig sein«.

Im englischen Königreich findet die Theorie des Absolutismus ihren Verfechter in Sir Robert Filmer. Sein Werk *De Patriarcha* (1680) trägt den Untertitel: *Von der natürlichen Macht der Könige.*

Filmer konzipiert seine Theorie des göttlichen Rechts, wie Bossuet, in kritischer Absetzung von der Idee einer universellen politischen Gemeinschaft unter Leitung der Päpste. Die protestantische Monarchie wird stärker angesichts der Ansprüche des Papsttums. Dazu wird eine spezifische Bilderwelt mobilisiert: die göttliche Beschaffenheit des königlichen Mandats, der ausschließliche Charakter der Souveränität, der Bezug auf das Heilige ohne Vermittlung der Kirche, das Autoritätsargument und der Kommentar der *Heiligen Schrift* (kurioserweise ebenjenes *Buch der Richter*, das 1776 Thomas Paine heranziehen wird, um damit umgekehrt die Verurteilung der Monarchie durch Gott zu belegen).

Weil sie königliche Macht und väterliche Macht gleichsetzt, heißt diese Theorie Patriarchalismus: Seit Adam übernehmen die Familienoberhäupter die Verantwortung für die ersten Regierenden der frühen Gesellschaften, der König ist folglich der »staatsbürgerliche Vater« aller. In gewisser Hinsicht stellt die politische Gesellschaft eine riesige Familie dar, in der die Hierarchien der Macht natürliche bleiben.

Die Theorie des göttlichen Rechts postuliert zunächst die vollständige Autorität des Monarchen in seinem Bereich: Die Monarchie besitzt die Beschaffenheit des besten Regierungssystems aufgrund seiner Einfachheit (nachgebildet der Einfachheit-Einheit Gottes). Sie geht vom Willen eines einzelnen aus und imitiert das göttliche Handeln in seiner Vollendung. Darüber hinaus erinnert sie daran, daß der König nicht einem einfachen Mitglied der Kirche gleicht, denn diese untersteht ja ebenfalls seiner Magistratur (Begründung des Anglikanismus). Vom König, der ursprünglichen Quelle, geht das zivile Gesetz aus. Dieses besitzt keine Autorität in sich (die Essenz des Gesetzes beruht im Willen desjenigen, der es verkündet, und es verpflichtet kraft des aktuellen Willens des Monarchen oder aufgrund seiner Zustimmung). Aus diesem Grund repräsentiert der König das sprechende Gesetz (*lex loquens*). Und die Prozeduren der Erarbeitung des Gesetzes sind nichts anderes als die Willenserklärung des Gesetzgebers. Schließlich schafft der König die Parlamente, die das Gesetz den »Ländern« übermitteln.

Sicher lassen sich noch zwei weitere Ansatzpunkte des göttlichen Rechts unterscheiden, für die die Deutschen ein Beispiel geben: die Vorsehung (noch 1842 schrieb Friedrich Wilhelm IV.: »Ich fühle mich als König durch die Gnade Gottes«) und die Vererbung (derselbe fügt hinzu: »Die Macht wie ein väterliches Erbe, wie ein Patrimonium innehabend«). Wie auch immer, die Herrschergewalt stellt sich dar als persönlicher Besitz, als *dominium* (noch immer Friedrich Wilhelm: »Ich will jene meiner Untertanen leiten, die wie minderjährige Kinder dessen bedürfen«). Das Besitzrecht auf die Herrschergewalt bestätigt den unwandelbaren Charakter des göttlichen Gebots. Dennoch müssen diese Theorien des göttlichen Rechts ihre Thesen immer stärker betonen, je mehr sie sich an der Theorie des Naturrechts stoßen; ihr wollen wir im folgenden Kapitel nachgehen.


*Volk und Theodizee nach Leibniz und Fénelon*

Entsprechend dieser Argumentation sind dem König, Entscheidungen treffender Verstand und gesetzgebender Wille, alle Vorrechte übertragen. Dieser ist so »geheime Vernunft, die regiert, eingeschlossen in einem einzigen Wesen« (Bossuet). Die Originalität dieses Vorgehens beruht letztlich darin, daß es eine neue Dimension in die Diskussion einführt: Die Rechte der Krone haben Geltung an sich; Gott hat die Macht direkt auf den König und nicht auf das Volk niedergehen lassen. Jene stellen also keine vom Volk auf die Krone übertragenen Rechte dar. Die Monarchie geht nicht in einer Konvention auf, sie entspringt einem Mandat weder des Volkes noch der Kirche. Die göttliche Macht geht auf die Könige hernieder, die darin ihre Unabhängigkeit finden.

Was wird in alldem aus dem Volk? Der Begriff des Volkes deckt nicht alle Menschenwesen ab. Denn zum einen ist die Bedeutung des Terminus »Volk« nur auf jene Menschen beschränkt, die über politische Fähigkeiten verfügen, letztlich auf eine Minderheit, die ihre Autorität über die anderen ausübt, über die Frauen, Kinder, Knechte, über die von allen politischen Freiheiten Ausgeschlossenen. Zum anderen, will man ein solches Volk rechtlich konstituieren, muß es vereinigt, einmütig gemacht werden, was bekanntermaßen nicht zu verwirklichen ist. Einzelne werden bei den Stimmabgaben immer fehlen, aufgrund der Entfernungen, wegen Krankheit usw. Ist die Mehrheit je irgendwo zusammengebracht worden? Mit anderen Worten, man kann sich kaum auf die Zustimmung des Volkes berufen. Kein König würde es akzeptieren, unter solchen Bedingungen gewählt zu werden.

Dennoch ergeben sich aus diesen Thesen über das Volk völlig neue Diskussionen. Keiner kann davon absehen, daß Gott ein Volk weihte, Israel, und daß diesem durch Abraham und Moses ein positives göttliches Gesetz auferlegt wurde. Seit der Christianisierung hat die Definition des Volks sich verändert. Die Sonderstellung des hebräischen Volkes hat sich auf die Gesamtheit aller Gläubigen übertragen, die synonym ist mit der Allgemeinheit der geretteten, erlösten Menschengattung. Die Europa überspannende Vorstellung der Christenheit oder die Vorstellung jenes Römertums, das sich weithin von der griechischen *polis* unterscheidet, bringen fortan die Solidarität der Mitglieder desselben Korpus zum Ausdruck, der die christlichen Völker untereinander als einfache Gläubige verbindet. Doch ist es vorstellbar, daß zwei Bündnisse geschmiedet wurden: eines zwischen Gott und dem Volk, das zur Verwandlung des Volkes in Gottesvolk führt, das andere zwischen dem König und dem Volk, das das Volk dazu bringt, treu dem (heiligen) König, der gerecht regiert, Folge zu leisten (du Plessis-Mornay, 1581, *Von der legitimen Macht des Fürsten über das Volk und des Volkes über den Fürsten*)?

Die aus der Theorie der Macht des Königs gezogene These, wonach die Fürsten von Gott erzogen, aber vom Volk eingesetzt werden, erschüttert das politische Denken des Mittelalters. Neue Analysen werden erforderlich. Ist zwischen Bündnis und Vertrag zu unterscheiden? Was impliziert letzterer Begriff? Wie sind die inneren Aufspaltungen des Gottesvolks zu denken, und wie sind die Beziehungen zu nichtchristlichen, gleichwohl aber gläubigen Völkern zu gestalten? Hier, in diesem gedanklichen Zusammenhang, entwickeln sich einige der stichhaltigsten Antworten. Die Erfahrung der Vormachtstellung der katholischen Kirche hat zu einer Vielzahl von Kriegen geführt, die im Gedächtnis aller haftengeblieben sind: das Experiment der Katharer im 11. Jahrhundert in Okzitanien; die Erfahrung der Reformation, die Glaubenskriege usw. Indem die Könige sich von der priesterlichen Autorität lösen, verheißen sie mehr Frieden als die Kirchen, außer wenn die religiösen Doktrinen sie frontal attackieren: Der Dominikaner Savonarola muß, wie bereits gehört, brutale Erfahrungen damit machen, als er proklamiert, das Volk an einer besseren Verteilung der Reichtümer zugute kommen zu lassen. Zuweilen gibt die Kirche Boden preis und läßt die christliche politische Theorie überkommene Lehren formulieren: Wahrer allgemeiner Friede wird erst beim Jüngsten Gericht eintreten; bis dahin entscheiden die Könige legitimerweise über die Kriege, die sie führen.

Das Problem der Allianz von Fürst und Volk dagegen findet sich richtig gestellt nur in seiner Beziehung zu dem der Universalgeschichte, die sich entsprechend dem Plan Gottes, aber auf der Erde als Horizont vollzieht. Bei ihrer Frage nach der Beziehung zwischen Fürst und Volk sucht die politische Philosophie in der Tat aus der unter christlicher Perspektive gesehenen Geschichte die Argumente zu ziehen, deren sie bedarf. Dabei stößt sie auf die Theologie des Sündenfalls und der Erlösung, die ihren Aussagen Gewicht verleiht. Sie stellt sich so als Theodizee dar.

Der Terminus Theodizee wurde von Gottfried Wilhelm Leibniz (1646–1716) geprägt, der damit die Gerechtigkeit Gottes (etymologisch) definieren wollte. Doch das Wort bedeutet sehr rasch etwas anderes, schließlich bezeichnet es jene Diskurse, deren Ziel es ist, die Gottheit zum ersten Prinzip eines sinnvollen

Universums zu machen. Denn es genügt nicht zu erklären, warum die Welt existiert, entscheidend ist zu begreifen, daß diese Welt, auch wenn sie unzulänglich sein sollte, nicht anders organisiert werden kann. Damit bleiben die Völker für das Funktionieren des großen Welttheaters von wesentlicher Bedeutung. Und ihre Organisation und ihr Leben müssen ebenso auf der Stufe der Weltzeit (von der Schöpfung über die Weltalter bis zum Alter des Todes) wie auf der ihres Verhältnisses zur Macht reflektiert werden.

Auf diese Weise kommt François de Salignac de la Mothe Fénelon (1651–1715), der Lehrer des Herzogs von Burgund, dazu nachzuweisen, daß der König nur durch das Volk König ist. Sein Erziehungsbuch *Telemach* (1699) legt eine dialektische Kraft frei, die das Verhältnis Volk-Fürst strukturiert: Daß der Fürst vom Volk getrennt ist, hindert nicht, daß er von ihm abhängt.

Doch in diesen Theorien schwingt bereits anderes mit. Nicht nur wird die Theorie des göttlichen Rechts vor allem aus ihrem Gegensatz zur Theorie des Naturrechts verständlich; auch Fénelons Position läßt sich nur in bezug auf die Theorie von Hobbes begreifen. Das Mittelalter gibt es schon nicht mehr.


*Das Streben des Mittelalters*

Ihrer ganz besonderen Sichtweise verdankt es die politische Philosophie des Mittelalters, daß einige ihrer Prinzipien weitergegeben wurden. Das zentrale: *Non est potestas, nisi a deo* (Ägidius von Rom) ist eine Übersetzung des Zitats von Paulus: »Alle Macht kommt von Gott.« Auf der Grundlage der theologischen Verständlichkeit denkt sich die politische Philosophie in der Prägnanz des Theologischen. Sie verstärkt die allgemeine Auffassung einer göttlichen Ordnung der Welt und trägt so bei zur Verwirklichung einer pyramidenförmigen und ungleichen zivilen Ordnung. Darin hat jedes Ding seinen Platz, und nur diesen einen. Dieses Universum der steten Unterordnung, diese ewige Wiederkehr des Immergleichen ist beseelt von einigen sehr genauen Reflexionen, deren große Züge der Maler Ambrogio Lorenzetti an eine Mauer des Herzogspalastes von Siena abbilden läßt, auf ein Fresko, dessen Thema die gute Regierung und ihre Auswirkungen sind. Darin läßt sich der Gedanke ablesen, daß es eine solche Regierung nur unter Vormundschaft und Bürgschaft Gottes gibt, Quelle der Autorität, befördert durch Glaube, Hoffnung und Nächstenliebe. Die Verzauberung der Welt erreicht da ihren Höhepunkt, wo die Religion dem Sitz der Macht eine Legitimität, die Würde von Imperativen, die bedingungslos den kulturellen Werten befehlen, sowie den aufeinanderfolgenden Autoritätsverhältnissen der verschiedenen gesellschaftlichen Gruppen eine Integrationsmacht verleiht.

Die mittelalterliche politische Philosophie (Theokratie) entwickelt sich von einer holistischen Auffassung (von gr. *holos*, ganz) der Welt aus. Sie bearbeitet ihre Ressourcen unter dem Licht des steten Vorrangs des Ganzen, der vom göttlichen Gesetz auferlegten Harmonie, womit sie demonstriert, wie sehr das gemeinsame Gut immer den Sieg davontragen muß. Die Einheit mit jener Ordnung verknüpfend, die die Teile im Hinblick auf ein Ziel aufrechterhalten, liefert sie den Theorien Argumente, für die das Ganze nicht die Summe der Teile bildet, sondern die Ordnung der Teile, die zu einem gemeinsamen Ziel beitragen. Das Ganze ist dynamisch, weil es fortschreitend seinen Zweck verwirklicht, dessen Antrieb Gott (der Eine) ist. Vom Gesichtspunkt des staatsbürgerlichen Lebens aus unterwirft sich das Individuum zwangsläufig der von Gott abhängenden gesellschaftlichen Autorität. Allein das Streben nach oben jedenfalls, nach dem Seelenheil, läßt der individuellen Ausübung des Denkens und Daseins eine gewisse und vom Spiel der Konversion erforderte Freiheit.

## *Die Moderne und die Einheit durch den Willen (16.-18. Jahrhundert)*

Die Entstehung der Neuzeit (Humanismus, klassischer Rationalismus und Aufklärung), zwischen der Geburt des modernen Staats (16. Jahrhundert) und der Französischen Revolution (1789), zwingt die politische Philosophie zur Neustrukturierung ihrer Thesen. Laizität und Verheißung einer noch nicht gekannten Würde des Menschen geben einer Macht Gewicht, die sich nicht mehr auf eine durch eine Transzendenz verbürgte kosmische Hierarchie gründet. Im übrigen sieht sich die hierarchische Auffassung der Welt korrigiert durch das Fragemodell der sich in dieser Zeit konstituierenden Naturwissenschaften, das die Politik anders erklärt. Um sich nachdrücklicher vom Mittelalter abzusetzen, vermitteln die philosophischen Texte den Eindruck, sie müßten der Politik den Platz wiedergeben, den sie angeblich seit der Antike verloren hat.

Dennoch steht zweifelsfrei fest, daß die Sensibilität gegenüber dem Politischen sich wandelt, analog zum Gefühl dafür, was erfüllt werden sollte oder was erfüllt werden kann. Die Politik gewinnt fortan ihre Stärke daraus, daß in ihr ein Handeln abgelesen wird, das »Neues« inauguriert. Sie zeichnet sich daher, erstens, aus durch einen Willen des Protests gegenüber Bedrohungen durch Willkür und Despotismus; wird getragen, zweitens, durch den Konflikt zwischen Reformation und Gegenreformation, der zur Trennung von Religion und Politik führt sowie zum Geltendmachen der Gewissensfreiheit gegenüber vielfältigen Formen der Intoleranz; von unterschiedlichen sprachlichen und kulturellen (später »nationalen«) Horizonten aus definiert die politische Philosophie neu den Ursprung der Staaten und deren Zweck (das gemeinsame Gut), die Machtspiele, die Unterwerfung der Kirchen zwecks Bewahrung des staatlichen Friedens, die Vervollkommnung des Menschen, die Sicherung und Wahrung des individuellen Eigentums.

Jeder macht sich eine Freude daraus, die umherschwirrenden Hirngespinste zu zerstören. Es wird Mode, zur »Wahrheit ..., wie sie wirklich ist«, vorzudringen (Machiavelli, *Der Fürst*, Kap. XV), nachdrücklicher zu fordern, daß die Philosophie des Handelns eine grundsätzlich andere Gestalt gewinnt als jene politischen Dogmen, die den Glauben an eine göttliche Autorität zu stärken suchen. Beim Neulesen der Alten, jenseits der Bildung des Mittelalters, erscheinen die Schriften der Griechen Thukydides und Plutarch, die der Römer Titus-Livius, Tacitus, Polybius usw. in einem neuen Licht. Dabei zögert man auch nicht mehr, den Willen zu fordern.

Auf Neuem gründen: so lautet nunmehr die Botschaft. Schluß mit dem Lamentieren über die eigene Ohnmacht, nutzen wir die Gelegenheiten, wenn sie sich bieten. Dazu ermutigen jene Überlegungen zu den urbanen Verhältnissen, die das Verwinkelte und Triste der alten Städte verändern: Albrecht Dürers (1471–1528) Idealplan einer quadratischen Stadt; die konzentrischen Kreise Tommaso Campanellas (1568–1639). Eine Reaktualisierung gleichsam der Vorstellungen von Proportion und Maß der neu gesichteten Antike. Allerdings unter der Ägide einer Vernunft, die sich jeden Rückgriff auf Transzendentes versagt.

*Die von Bodin ausgelöste Debatte über die Souveränität*

Von 1513 bis 1520 erscheinen nacheinander *Der Fürst* von Machiavelli, Thomas Morus' *Utopia*, *Die Einrichtung des Fürsten* des Erasmus von Rotterdam, *An den christlichen Adel deutscher Nation* von Luther, während Hans Holbein *Die Botschafter* malt, wo neben dem Verblassen der Transzendenz auch das Aufkommen der modernen Staaten ablesbar ist. Eine geschlossene Welt verschwindet, ein anderes Universum entfaltet sich. Die politische Philosophie tritt in die Reform, die Reformation ein, jener Bedeutung gemäß, die diesem Wort zu jener Zeit zugewiesen wird: an ihrem Fundament – fortan der menschliche Wille – die Bildung der politischen Gesellschaft anpacken, den Plan des

Handelns schaffen (nahegelegt durch den von Aristoteles entlehnten Begriff der Form), auf dem der Staat beruhen soll, um den menschlichen Konstruktionen und öffentlichen Freiheiten eine Einheit in Zustimmung zu verleihen. Die Erfindung des modernen Rechts trägt bei zur Bestimmung der Voraussetzung, dank deren die Menschen beschließen, in der Form eines politischen Körpers, einer politischen Körperschaft zusammenzuleben.

Zwischen Mittelalter und Neuzeit gewinnt die Diskussion um die Begriffe an Intensität. Der Einsatz ist immens, geht es doch gleichzeitig darum, die lateinischen Begriffe zu übersetzen, sie den Nationalsprachen einzufügen und neue Gedanken zu entwickeln. Der Begriff des Souveräns, des Herrschers, ein Erbteil der vorangegangenen Epoche, bezeichnet eine physische Person. Plötzlich gleitet der Terminus vom König über zum Akt eines kollektiven Wesens, zur Ausübung des Allgemeinwillens. Dieser Akt demonstriert die Fähigkeit des obersten Willens zur Stiftung des politischen Körpers, zur Schaffung der Machtinstanzen, die seine Unveräußerlichkeit, die Einheit und Unteilbarkeit des Volkes garantieren.

So verändert sich die Bedeutung der Souveränität (des Worts wie der Sache). Sie bezeichnet kein Attribut eines Mächtigen mehr, sondern wird auf den Staat übertragen. Mit seinem Werk *Die sechs Bücher über den Staat* (1576) besiegelt Jean Bodin (1529–1596) diese Übertragung, entwickelt die Theorie des modernen Staats und erhebt die Souveränität zu dessen eigentlicher Substanz. Mit der Ausarbeitung der modernen Souveränität wird es möglich, den Staat als ein gegliedertes System zu begreifen, das eine juridische Ordnung und eine unabhängige Autorität in sich vereint. In diesem Sinne ist der Staat »definiert durch die dem Recht gemäß geführte, mit souveräner Gewalt ausgestattete Regierung einer Vielzahl von Familien und dessen, was ihnen gemeinsam ist« (S. 1). Das Souveränitätsprinzip verleiht dem Staat innere Form und spiegelt die wechselseitige Trennung der entstehenden Staaten wider. In Frage steht also die Einrichtung eines neuen inneren Verhältnisses zwischen Volk und Fürsten. Zwar zielt das politische System immer darauf ab, die Mannigfaltigkeit auf die Einheit eines Prinzips zurückzuführen, doch jetzt dient der Staat als Prinzip, ohne Rückgriff auf eine Transzendenz. Eine weitere Implikation der Souveränität ist die Trennung zwischen Gründungsprinzip und Regierung. Die Souveränität, die Macht, Gesetze zu erlassen und allen Befehle zu erteilen, wird zur beständigen, ewigen (Fürst), während die Regierung vergänglich bleibt.

*Gewalt oder Vernunft*

Weil die staatsbürgerlichen Bindungen den Namen des Staats annehmen, auf einer immanenten Rationalität begründet sind, richtet sich das menschliche Denken nicht an der Theologie aus. Die politische Autorität geht nicht aus der Offenbarung hervor. Gott ist nicht mehr der konstitutive Ursprung der Macht oder die bürgende Einheit der Politik. Um dies zu denken, braucht übrigens keiner Atheist oder Materialist zu sein, so wie einige, die sehr viel weiter gehen, um den Preis größter Schwierigkeiten mit den Aufsichtsinstanzen (Bruno, der bei lebendigem Leibe verbrannt wird, Spinoza, der exkommuniziert wird, Pufendorf, der in Opposition zur lutherischen Orthodoxie gerät, usw.). Man muß nur wissen, daß der politische Körper über seine eigenen Gesetze verfügt – ob Gott existiert oder nicht –, ferner, daß Gott nicht aus 2 mal 2 ungleich 4 machen kann. Die Politik gründet auf einer immanenten, methodisch erkennbaren Bedeutung. Das Recht skizziert die Evidenz einer neuen Legitimität.

Indem sich die moderne politische Philosophie dem Rätsel der Macht innerhalb der Grenzen der menschlichen Welt stellt, deckt sie das Moment an Gewalt bei ihrer Ausübung wie auch die Einheitsfarce auf, die sie aufrechterhält. Die Rechtfertigungen, die von der Macht aufgewandt werden, um ihre Entscheidungen zu kaschieren und den Gehorsam der Untertanen zu bekommen, haben die Funktion von durch die Vernunft erhellbaren Masken. *A contrario*, indem das moderne Denken die Finsternis vertreibt, hinter der sich die Autorität versteckt, erfindet es die Perspektive des Projekts. Nicht alle Dinge beziehen sich auf ein unwandelbares Modell, eine Achse bleibt, um die sich Neues artikuliert. Auf der Spitze des Gebäudes: die Zelebrierung des Primats des Handelns über das Sein. Politik machen heißt etwas beginnen, indem der *status quo* »hinterfragt« wird.

An der Fülle neu entstehender Kategorien – Zeitbegriffen, bislang unbekannten Bezeichnungen, referenzlosen Vokabeln – läßt sich der Glanz der innovativen Vorgehensweisen ermessen: die universitäre Sprache des *humanista* (gelehrten Dieners der alten Sprachen) wird zur *Humanitas*, der Vorstellung, daß der Mensch sich aus sich selbst erbaut; *barockes* Zurschaustellen und *barocke* Eitelkeiten erheben sich gegen das *Gotische*; über allem, konzentriert auf die politische Sphäre, trägt das Vokabular, das den Bruch mit der Tradition zelebriert, die Neuheit der Zeit, die Freiheit eines kritischen Geistes der Autorität und der Sitten, die Rekonstruktion der Politik, eine *Modernität* zur Schau, die bald schon selbst wieder thematisiert wird. Im späten 18. Jahrhundert verdichtet und prägt ein Zeitungsartikel aus der Feder Immanuel Kants, *Beantwortung der Frage: Was ist Aufklärung?* (1784), deren Geist in einem Wahlspruch: durch sich selbst denken und handeln, der bereits seit längerem seine politische Umsetzung erfährt. Die Praxis definiert die Kunst, etwas dank autonomer Anstrengung selbst herbeizuführen.

Daß die politische Philosophie fortan einer potentiellen Zukunftsperspektive eingefügt ist, die niemand mit dem Realen oder einer verlorenen Essenz verwechselt: dafür findet sich vermutlich keine bessere Demonstration als im Auftauchen einer modernen Bestimmung des Rechts. Gestaltet sich Politik aufgrund der Erfindung des modernen Staats, dieser ureigenen Konstruktion des Menschen, jetzt auf andere Weise, so deshalb, weil die menschliche Freiheit sich in einem unbegrenzten Feld von Erfahrungen manifestiert und in der Gewinnung der Fähigkeit zu gemeinsamer Entscheidung. Die Menschen wissen, daß sie souverän ihren Willen realisieren, wenn sie sich, vermittelt über ihren Zugriff auf die Welt, wechselseitig anerkennen.

Das Feld der Ereignisse, im Kern dieser Immanenz-Forderung, widerlegt keineswegs, im Gegenteil, den notwendigen Protest im Namen der Vernunft gegen den Gebrauch der Gewalt und den Rückgriff auf Kriege: Neben der Struktur des Individuums, die ihn zu verleiten droht, den Neigungen seiner Willkür zu folgen, schürt der politische Primat der Kirchen endlose Kriege, und die Staaten trachten nach Expansion. Alles in allem ist es also durchaus angebracht, den Frieden zu fordern und die Einrichtung eines Staats, der auf Konventionen, die von jedem übernommen werden, und auf Kontrollverfahren beruht, die jeder auch auf sich selbst anwendet. In dieser Hinsicht zielt die Neuzeit tatsächlich auf eine endgültige Befreiung, auf den »ewigen Frieden«, mit dem der Mensch endlich in Sicherheit mit seinen Nachbarn leben und das genießen kann, was ihm die Welt bietet.

Daß er dafür den Ungehorsam lernen muß, steht außer Frage. Freilich in den Grenzen des ausgearbeiteten Rechts, durch das alle geschützt werden.

*Der Status des Staats nach Machiavelli*

Kennt man ausreichend, was existiert und was die Menschen vollbringen? Hat man es nicht lange genug vorgezogen, zu beschreiben, was die Menschen sein sollten (gut), um den Preis allerdings, auf der Grundlage von Hirngespinsten zu urteilen statt von dem aus, was unmittelbar existiert (mehr oder minder verborgenen Begierden und Egoismen)? Die intensive geistige Beschäftigung mit dem Wirklichen befruchtet die Bestimmung des Handelns. Wie kann man sich politisch engagieren, wenn man nicht weiß, daß die Entwürfe aus der Analyse des Gegenwärtigen hervorquellen müssen? Welche Beziehung besteht zwischen Politik und Moral – wobei klar ist, daß die Antwort auf diese Frage eine vorgängige Definition dessen erfordert, was »Politik« genannt wird. Welcher Wert ist diesem Terminus, Staat (*lo stato*), beizumessen, insofern die Einheit, die er verspricht – die Definition dieses Begriffs beinhaltet diese Einheit und beschränkt sich darauf –, auch erfordert, über seine Attribute zu befinden? Alles in allem unterziehen die ersten neuzeitlichen politischen Philosophien zunächst den politischen Geist einer immensen Revision; indem sie den Menschen weniger als ein Geschöpf denn als ein zu aufgeklärtem und kollektivem Handeln befähigtes Wesen zu definieren beginnen, lassen sie am Politischen bislang unbekannte Dimensionen wahrnehmen.

Wenn Niccolò Machiavelli (1469–1527) die römische Antike angeht, um desto nachdrücklicher die Neuartigkeit des gegenwärtigen Augenblicks hervorzukehren – die neuartigen Bürden der Fürsten, die neuartige Zukunft der Stadt, die neuartige Einwirkung des Volkes auf die Politik, der neue Status des Heers –, dann nimmt er auch die frühere politische Philosophie nicht aus seiner Kritik aus: Im politischen Bereich kann es weder Vorbild noch natürliche Ordnung, noch Norm geben. Mit seinen Werken *Der Fürst* (1513) und *Erörterungen über die erste Dekade von Titus Livius* (1513–1522) trägt er bei zu einem grundlegend anderen Verständnis von Politik und Macht. Die Politik präpariert die Trümpfe eines Handelns, das unter Ausnutzung der Widersprüche eines Volkes dieses zu lenken trachtet. Politik ist keineswegs auf Zustimmung gegründet.

Da die Einheit des politischen Körpers nicht gegeben ist, muß politisches Handeln sie verwirklichen. Die Gelegenheit zu seiner Entfaltung findet es in der Uneinigkeit der als ebenso viele egoistische Atome charakterisierten Menschen, auf deren Interessenbeziehungen der Fürst einwirken kann bzw. soll. Die Wahrheit der Macht und des Staats äußert sich in einer strategischen Logik unter Bedingungen radikaler Kontingenz. Will der Fürst seine Autorität aufrechterhalten, muß er mit der Verteilung von Gütern, mit Ehren, Belohnungen taktieren. Er muß die Kunst des Regierens in ihrer Wirksamkeit unter Kontrolle halten. Ihm kommt infolgedessen innerhalb eines heterogenen politischen Körpers eine aktive, sogar strukturierende Rolle zu. Indem er diesen an seiner Furcht oder seiner Liebe packt, verleiht er ihm eine Dynamik, ohne die er nicht überleben würde.

Diese Darlegung der spezifischen Rationalität des politischen Handelns des Fürsten inmitten der Unvorhersehbarkeit der Ereignisse beabsichtigt nicht, ein Verhaltensbrevier für Fürsten zu erstellen. Ebensowenig schätzt Machiavelli die erbauliche Rolle des Moralisten, der eine vergeistigte Politik predigt oder im Gegenteil die Politik als böse verdammt. Er offenbart dagegen eine äußerste Finesse bei der Übernahme der galileischen Forschungsprinzipien (Methode, Experiment, dynamischer Gesichtspunkt) zum Aufbau der Autonomie des politischen Bereichs (Gesetz von der Ausübung der Macht, Logik der Aktivitäten, Kräfte und Gegen-Kräfte, Ereignisse).

Seine Philosophie liefert in erster Linie die Beschreibung der politischen Wirksamkeit: Eine Politik ist »gut« nicht infolge eines moralischen Grundes, sondern aufgrund einer Art Staatsräson. Präskriptiv wird sie erst am Ende, bei den Schlußfolgerungen, wenn sie dem Fürsten rät, die inneren Konflikte Italiens derart zu organisieren, daß so seine Vereinigung ermöglicht wird (ein Thema, das noch Giuseppe Verdi 1847 auf der italienischen Bühne zur Aufführung bringen wird, im Finale von *Macbeth*, mitten in der österreichischen Besetzung). Jene menschliche Qualität, die in der Politik durchaus ihren Platz hat, die eigentliche *virtù*, die der Prinz an den Tag legen muß, hängt gewissermaßen von der Fähigkeit ab, sich vom empirisch Vorgegebenen zu lösen und neue Regeln des »nationalen« oder »internationalen« politischen Spiels zu erfinden, sobald das Glück (der Zufall) ihn dazu ermächtigen, »da alle Dinge der Erde in steter Bewegung sind und nicht feststehend bleiben können« (*Erörterung*, I, 6).


*Von der freiwilligen Knechtschaft zur Utopie*

So trägt die politische Philosophie neue Ambitionen zur Schau. In dem Maße, wie sie zunächst beschreibend vorgeht, wird ihr Einfluß auf die Autonomisierungsprozesse des Politischen entscheidend. Eine kleine Schrift – die seither die politische Philosophie in allen kritischen Zeiten der Geschichte heimgesucht hat – nimmt ihren Lauf, in Provokation und Ablehnung. Indem Étienne de La Boétie (1530–1563) mit einem Werk, das nicht nur ein lokales antimonarchistisches Pamphlet darstellt, seinen Leser an dessen unmittelbarsten politischen Überzeugungen packt, zwingt er ihn zugleich, sich nach der Macht zu fragen, die er erduldet, und nach seiner Unterwerfung unter die Kategorien der öffentlichen Meinung. *Von der freiwilligen Knechtschaft* (1548) begnügt sich nicht mit der Behauptung, daß die gegenwärtige Politik untragbar ist, es präzisiert darüber hinaus, daß der Mensch – entgegen seiner politischen Freiheit – die Knechtschaft liebt, die ihm seinen Platz zuweist.

Alle Welt überraschend (einschließlich seines Freundes Montaigne, den eine solche Lesart verstört), will der Autor keineswegs die Macht unter Verwendung fertiger Kategorien noch einmal begründen (in Gott, in der Natur, in der menschlichen Psyche). Er verlagert die analytische Perspektive von einer Beobachtung auf ein Rätsel, schließlich einen Skandal. Gewiß gibt es unterworfene Völker. Aber warum ertragen sie die Knechtschaft? Unmittelbare Antwort: weil der Eine regiert, sich verteidigt, und die Völker sich resigniert damit abfinden. Wie überzeugend diese Antwort auch sein mag: sie ist blind. Der Eine und dessen Kraft stellen nicht allein die Triebfeder der Knechtschaft dar. Der Eine verfügt über keine andere Macht der Unterwerfung als die, die ihm zum Schaden der Völker eingeräumt wird. Läßt die Knechtschaft durch den Einen ihre Abschaffung zu? Ja, das Volk kann mit ihr brechen, ist potentiell stark genug dazu, befreit sich zuweilen auch faktisch davon.

Wie kommt es dann aber, daß seine Revolten nicht immer gelingen? An diesem Punkt wird erstmals eine Vermutung laut, die eine Kritik an der Herrschaft eröffnet und sich demonstrativ die Verheißung einer vollkommenen Herrschaftsform versagt. La Boétie deckt ein dem Politischen wesentliches Verhältnis auf: Die Politik gründet auf einer sie fundierenden Teilung. Diese Teilung produziert Stärke (die Verbündeten des Königs) simultan zur Wirksamkeit eines Imaginären. Die Unterwerfung resultiert aus Einwilligung. Entweder auf dem Weg einer Knechtschaft aus Ausrede: Das Volk klagt nicht den König für begangene Vergehen an, sondern nur seine Minister, man nimmt den Fürsten aus der Anklage aus und zieht es vor zu glauben, daß die Macht an sich gut ist, nur von den Ministern ihrer eigentlichen Bestimmung entfremdet wurde. Oder auf dem Weg einer Knechtschaft, die sich mit einem »Willen zu dienen« deckt. La Boétie faßt die Macht in diesem politischen Werk über die Politik als ein verinnerlichtes Verhältnis ins Auge.

Dies steht in offensichtlichem Gegensatz zu jenen anderen Philosophen, die Modelle vollkommener Gemeinwesen entwickeln, Utopien genannt, nach dem Titel des ersten Werks dieser literarisch-philosophischen Gattung, *Utopia* (1516) von Thomas Morus (1478–1535). Ihm folgten rasch die Werke von Tommaso Campanella (*Der Sonnenstaat*, 1602) und Savinien Cyrano de Bergerac (1619–1655, *Die Staaten und Reiche des Mondes*, 1641), wobei nicht vergessen werden darf, daß diese Ader sich weitgehend im Umkreis jener Essays über utopische Städte und Gemeinschaften (Phalanstère, Familistère) erneuert, die im 19. Jahrhundert und damit in einem geschichtlichen Rahmen, auf den wir noch zurückkommen werden, erdacht wurden. Konzentrieren wir uns auf das Urbild der Gattung.

Man stelle sich also vor, Sie seien dabei, dem Bericht von Raphael Hythlodeus (etymologisch: derjenige, der gewandt ist im Erzählen von Geschichten), einem jungen portugiesischen Reisenden, zu lauschen. Plötzlich wäre man ergriffen von der Schilderung der Sitten und Institutionen des utopischen Volkes. Der rhetorische Apparat, der diese andere Welt entstehen läßt, besteht weniger darin, einen glauben zu machen, daß ein solches Volk existiert, als darin, in Ihnen das Verlangen zu schüren, auch so leben zu wollen. Man muß folglich zwei parallelen Entwicklungen folgen, erstens verstehen, was »die beste Staatsverfassung« ist (so der Untertitel); zum zweiten eine Schreibweise zum Funktionieren bringen, die dem Geist eine noch unbekannte Falte zu vermitteln versucht, die ihn dazu bringt, sich von einer Verhaftung ans Gegenwärtige zur Möglichkeit eines Handelns bekehren zu lassen.

In der utopischen Fiktion von Thomas Morus wird die Schreibweise selbst suggestiv, schult den Geist, sich ungeahnten Dimensionen zu öffnen. Tatsächlich besteht das Werk aus zwei Büchern, wobei gewöhnlich das erste ausgeklammert wird. Liefert das zweite Buch besonders die Beschreibung der Stadt Amaurotum und über das geometrisch angelegte Stadtbild die einer transparenten gesellschaftlichen Ordnung, so bleibt die Lektüre des ersten Buchs insofern unverzichtbar, als die Schilderung der Reisen des Seemanns geistige Offenheit erfahrbar macht, die notwendige Korrektur der Meinung in Szene setzt und den Status der Philosophie erhellt.

Wer heute diesen Begriff, Utopie, hört, dem zwingt sich eine weitere Konversion auf. Häufig genug soll durch den abwertenden Gebrauch dieses Terminus der Aufruf zu politischem Denken und Handeln in Mißkredit gebracht werden. Doch die Utopie, wörtlich: Nirgendwo, die häufig auch eine Uchronie ist – ein Nirgendwann –, stellt sich unter das Zeichen einer Befreiung des Geistes. Dies trifft auch auf die Sonnenstaatler zu, die, unter der Diktatur der Tugend lebend, ihr vorbildhaftes Gemeinwesen mit dem Ideal einer Reform der herrschenden christlichen Sozialordnung verknüpfen (Campanella, 1602).

*Die Analyse der symbolischen Funktionen*

Lassen sich von hier aus die zentralen Achsen der politischen Philosophie nachzeichnen? Aus der Tatsache, daß sie sich nicht ausschließlich auf die Theorie der Staats- und Regierungsformen konzentriert, ist zu schließen, daß sie weitere Merkmale des Politischen erforscht. Die Polemiken, die sie gegen und mit dem monarchischen Regime und den Theorien des göttlichen Rechts führt, prägen ihre Begriffe mit einem beispiellosen Radikalismus. In noch scharfsinnigerer Weise nimmt sie sich die Macht-Praktiken vor, um deren geheime Dynamiken zunächst zu beobachten und dann darzustellen. Mit anderen Worten: Sie transformiert eine Theorie der Gewalt der Macht in eine methodische Beschreibung der Ausübung der Macht auf anderen Wegen als dem der Gewalt: insbesondere dem Imaginären, den Assimilationsmächten durch die Begierde, darüber hinaus den an den Orten der Macht den Körpern aufgezwungenen Zeichen.

Die regelmäßig von dem einen oder anderen Autor geäußerten Bemerkungen eröffnen ihren Lesern den Weg zu einer Theorie der Wirkungen und der Wirksamkeit der politischen Praktiken. Die fortschreitende Entblößung des Fürsten, der Kirche, der Institutionen und Sitten verleitet zu der Annahme, daß die Manifestationen der Politik sich dem Gespinst der menschlichen Leidenschaften aufpfropfen. Gänzlich auf diese Phänomene gerichtet, will die politische Theorie in erster Linie entmystifizierend und erst dann mobilisierend wirken.

Ohne das Wirken dieser Autoren auf diese immense Rodungsarbeit beschränken zu wollen, müssen einige doch herausgehoben werden, bei denen die symbolischen Formen zu Gegenständen der Analyse erhoben werden. So wie René Descartes (1596–1650) die »wirren und beunruhigenden Stimmungen« der politischen Menschen anprangert, die fortwährend die Macht zu usurpieren trachten, so läßt der durchdringende Blick Blaise Pascals (1623–1662) im Aufblitzen der *Gedanken* ein Mosaik von Figuren der Täuschung und des Überdeckens sichtbar werden und drängt damit zur Aufstellung einer Theorie des Grundes der politischen Effekte. Die Hoffart und Fleischeslust der einen, die Eitelkeit und die Grimassen der anderen, die Demütigung der Armen durch die großen Herrschaften, die wieder von anderen aufgewandte Rhetorik, um die Größe bestimmter Personen auszumalen: dies alles gibt die Tatsache wieder, daß die Kraft des Imaginären konstitutiv ist für das soziale und politische Universum.

Schade nur, daß diese Reflexionen bei Pascal der theologischen Option erwachsen, der zufolge das Imaginäre aus der Zwangsläufigkeit des Sündenfalls und der Erbsünde hervorgeht. Jene Kraft stützt sich auf das Fleischliche, auf das Politische, das weder zur Ordnung des Geistigen noch zu der der Nächstenliebe vorstoßen kann. Zwischen ihnen klafft ein Abgrund. Die Funktion dieser Kraft besteht darin, daß sie eine dem Menschen darstellbare Realität bildet. Sie schafft Zeichen (Illusionen und Belanglosigkeiten), die gleichermaßen das Verlangen zu herrschen, dank dem die Macht-Maschine funktioniert, wie die Unterwerfung unter die Partei der Sieger verstärkt.

Die Imagination wirkt also in der Politik (Allegorien, symbolische Objekte), in jenem Bereich, in dem sie die Errichtung von Macht dadurch begünstigt, daß sie deren Ursprung innerhalb eines Kräfteverhältnisses vergessen macht: »Das Volk darf die Wahrheit der unrechtmäßigen Aneignung nicht merken« (Gedanke 294).

Ist in diesem Zusammenhang nicht auch La Fontaine (1621-1695) zu nennen, auch wenn dessen Bedeutung im Rahmen einer Theorie des politischen Imaginären nicht immer anerkannt wird? Dabei sind die *Fabeln* im Ansatz eine Reflexion auf die Politik, die Listen der Macht und die symbolischen Bilder. In allen diesen Fällen ist der Einsatz beträchtlich, verwerfen oder brechen doch diese Texte die Funktion der Sakralität in der Politik, wobei sie auf Abschaffung der königlichen Religion zielen, deren Verlockungen die Herrschaft bestärken. Die Beschreibung des Imaginären, das sich um die Person des Königs rankt, gewoben aus Verehrung, Anbetung, Faszination, und dessen Funktionieren am sinnfälligsten aufscheint in der Trauer um den König, in der die überpersönliche Gestalt des Monarchen Gegenstand der Verherrlichung wird, suggeriert lediglich – und das ist die Grenze einer Philosophie, die gespalten ist in Ironie und Beschreibung – die Möglichkeit eines anderen Imaginären, die, frei von Ehrfurcht, dem Staatsmann eine schlichte, unmittelbare und vollständige körperliche Präsenz zuweist.

*Die Verurteilung des Aberglaubens nach Spinoza*

Um eine solche Desakralisierung bis zu ihrem Abschluß zu treiben, muß man allerdings über eine umfassende Theorie der Erkenntnis, des Aberglaubens und der Natur verfügen. Wie auch über eine Gesamtanschauung der Lebensführung. Durch lange Erfahrung haben die Philosophen gelernt, daß aus dem Gebrauch der Vernunft ein von Grund auf erneuertes Denken, gestützt allein auf den Horizont des Menschen, erwachsen kann. Aus diesem Geist gehen, reiflich überlegt, in neue Konzepte übersetzte alte Worte hervor, werden Akzente laut, um den Lauf den Dinge zu verändern.

Hindert der frühe Tod Baruch Spinoza (1632–1677) auch, den *Politischen Traktat* (verfaßt zwischen 1675 und 1677) zu beenden, so hat er doch 11 Kapitel hinterlassen, in denen sich das Bestreben bekundet, die politische Philosophie aus dem Elend zu ziehen, in dem sie noch dahinvegetiert (Kap. 1). Spinoza entwirft neue Prinzipien einer genuin politischen Analyse: Stärke (*potentia*), Macht (*potestas*), Naturrecht, Staat, Vielzahl, Freiheit (Kap. 2). In Kap. 3 löst er die Verwirrungen auf hinsichtlich des politischen Verfassungsverhältnisses zwischen Bürger und Gemeinwesen, um sich dann, in Kap. 4, sorgfältig der Frage des Zusammenhalts des Gemeinwesens zu widmen. Dieser erste Teil endet mit Kap. 5, das sich mit Prozessen der Organisation der Vielzahl bzw. Menge beschäftigt. Der zweite Teil ist für die Untersuchung der politischen Regierungsformen vorgesehen; da unvollendet geblieben, konnte die Neigung Spinozas für die Demokratie darin nicht erfüllt werden.

Angeleitet von den Schriften Spinozas, läßt sich eine umfassende politische Theorie des modernen Staats erstellen. Diese Theorie, die sich anerkannte Formen des umherschweifenden Imaginären zunutze macht, beruht auf der Idee, wonach die Macht keiner absolut gegebenen Sache gleich ist. Sie entspringt einem Prozeß, der aus der Ausübung der Kräfte gegeneinander besteht. Spinoza, der zuvor die Nützlichkeit der Religion für die säkulare Autorität aufgedeckt, der an der Entsakralisierung der Figuren der Macht gearbeitet hatte, begreift, daß die Imagination, die Einbildungskraft, im Verhältnis zur Vernunft vor allem, nur eine Erkenntnis der ersten Art darstellt, ihr auf politischem und gesellschaftlichem Bereich jedoch eine große Tragweite zukommt, und zwar in einem Ausmaß, daß sie das Verständnis der Dynamiken der Macht und des natürlichen Rechts, das Antagonismen zwischen den Menschen erzeugt, behindert. Hier wirkt sie sich gerade auch am beständigsten aus.

Indem sie sich den Konturen der Begierde anpaßt, nährt sie die Anwendung eines wirksamen sozialen Dispositivs. Der Gesellschaftskörper ist weniger von Illusionssystemen durchzogen (diese als Gegensatz zum Realen) als von Dispositionen des Imaginären, die darin vermehrt Fiktionen produzieren: für wahr gehaltene bildhafte Erzählungen. Wichtig an der Fiktion ist weniger ihre Stimmigkeit als der Modus, unter dem sie den Geist mobilisiert, dem Menschen ermöglicht, kraft dieser Mobilisierung als beherrschter zu existieren. Spinoza betrachtet die Institutionen und die Bürger in ihrem Zusammenhang: Die Institutionen (Religionen, Gewaltmächte) erzeugen Fiktionen (Erzählungen, Zeichen) der transzendenten Macht, des Absoluten; aber auch auf seiten des Subjekts geschieht etwas, das seinen Geist leicht manipulierbar macht, durch Furcht, Ausschweifung, Wut, durch autoritative Argumente oder durch Gewißheit. Doch aus diesen politischen Formen kann man sich lösen.

Das Feuer der durch die Politik geschürten Affekte kann durch einen anderen, aus der Vielzahl erwachsenden Prozeß unter Kontrolle gehalten werden, einen Prozeß, der zur Errichtung eines demokratisch strukturierten Staats führt, aus dem jede Transzendenz verbannt und der verankert ist in der Kritik des Aberglaubens und der Ablehnung der mystifikatorischen Rolle der Religionen. Freilich darf dieses Regime nicht auf die individuellen Kräfte verzichten. Es gewinnt nur Zustimmung, wenn es diese entwickelt, begründen sie doch das kollektive Handeln. Zwar sagt Spinoza über diese Staatsform nur wenig, doch wird der Entwurf in Ansätzen deutlich: Ergebnis der Kraft der Vielzahl, ist in ihr die menschliche Allgemeinheit durch Freiheit bestimmt und Politik als konstitutive Praxis des Menschen anerkannt. Ohne ein unvollendetes Werk über die Maßen loben zu wollen, so lautet seine Lehre doch unmißverständlich: Die politische Ordnung kann verändert werden.


*Die Erfindung des Naturrechts*

Daraus wird sichtbar, daß die Beziehung zur Monarchie jetzt unter der Perspektive einer Alternative und nicht mehr der einer Verbesserung gedacht wird. An die Stelle des Begriffs des göttlichen Rechts tritt der des natürlichen Rechts und bekräftigt so, daß das gesellschaftliche Verhältnis nicht mehr in theologisch-politischen Begriffen, sondern in Begriffen der Geschicklichkeit (menschlicher Kunst) reflektiert wird. Die Konzeption einer transzendenten Macht wird angegriffen zugunsten der Idee einer Unterordnung der Regierenden unter die Legitimität des souveränen Volkes. Es stimmt zwar, daß, nach seiner Etymologie beurteilt, Demokratie (*demos* und *kratein*), der gewonnene Standpunkt nicht sehr neu erscheint. Doch darf die moderne Vorstellung von Demokratie nicht auf ihre antike Vorstellung zurückgeführt werden. Die Freiheit ist nicht auf die Bürger der *polis* beschränkt. Sie bleibt verbunden mit der Vielzahl, mit der zusammengesetzten Masse aus Individuen, die vom rechtlichen Standpunkt aus gleich sind, auch wenn sie nicht über die gleiche Macht verfügen.

Was hat es mit dem Naturrecht auf sich, das fortan von so vielen Autoren angeführt wird? Im Umkreis dieser Thematik löst ein wichtiger Autor den anderen ab: so der niederländische protestantische Jurist Hugo Grotius (1583–1645), der deutsche Rechtsgelehrte Samuel Pufendorf (1632–1694), die englischen Philosophen Thomas Hobbes (1588–1679) und John Locke (1632–1704), und viele andere noch, die bis in unsere Tage auf naturrechtlicher Basis argumentieren. Die Naturrechtsthematik verheißt die Kritik des göttlichen Rechts, sie unterstreicht die Notwendigkeit eines Rechtsstaats, nicht ohne dabei in neue Widersprüche zu verfallen, wie dem, einen Bezug auf die Natur mit dem auf Kunstfertigkeit basierenden Ideal des Staats zu verknüpfen. Sie verlagert die Grundlage der politischen Autorität in Konventionen, die den politischen Körper auf ein Fundament neuer Prinzipien stellen sollen. Zudem tritt sie nachdrücklich dafür ein, darauf zu verzichten, das Gesetz mit dem Willen des Königs gleichzusetzen, indem sie es mit jenen Übereinkünften verknüpft, in denen jeder zum Bürger gewordene Mensch sich anerkennen können muß. Um einen solchen Rechtsstaat und eine solche Gestalt des Gesetzes denken zu können, muß allerdings die Theorie um eine Konzeption der Legitimität ergänzt werden. So entsteht die moderne Gestalt der politischen Einheit, das Volk der Bürger, das den gemeinsamen Willen, einzige Quelle des Gesetzes, in sich birgt.

Dennoch sind auch die Naturrechtsphilosophen durch Unterschiedlichkeit der Aussagen gekennzeichnet, und die unten aufgestellte, unvollständige, Liste könnte Verwirrung stiften. Sie alle eint dennoch, daß sie den Eindruck vermitteln, politische Philosophie vor ihnen, da förmlich ertränkt in heiligen Maximen, habe es eigentlich nicht gegeben. Alle wirken mit am Aufbau jener ganz neuen Bezugnahme auf ein System universeller Normen, das sich allen Menschen aufzwingt, weil sie Menschen sind (und nicht Christen). Alle verteidigen schließlich die Autonomie des Politischen, des Staats, indem sie sie auf Freiheit und (rechtliche) Gleichheit begründen, beides Attribute eines Menschen, dessen Natur nicht mehr in der Erbsünde verankert ist und um dessen Sicherheit der Staat zu sorgen hat. Gleichwohl, aufgrund der Vielfalt der Formulierungen, Ansprüche und anvisierten Ziele sind unterschiedliche Tendenzen auszumachen, die je andere Erfahrungen der gesellschaftlichen Konvention begünstigen.

Auf alle Fälle lautet eine zwangsläufige Schlußfolgerung: Um sich der Herausforderung durch das göttliche Recht stellen zu können, muß das Problem der Existenz oder Nichtexistenz einer natürlichen Soziabilität überwunden und gezeigt werden, daß die politische Gemeinschaft einen radikalen Wandel der Verhältnisse voraussetzt. Die politische Gemeinschaft darf nicht dem bloßen Wechselspiel der Kräfte entspringen, sondern muß aus dem Engagement eines jeden in einem durch ebendieses Engagement entstandenen zivilen Staats hervorgehen. Die tatsächliche Freiheit fußt auf einem Rechtssystem, zu dessen Garanten der Staat wird und dessen Brennpunkt der Bürger ist.

Man kommt natürlich nicht zu derartigen Schlußfolgerungen, ohne daß man mit den Kategorien der früheren politischen Philosophie bricht. In einer Gedankenanstrengung, deren Spuren noch im benutzten Vokabular der einen und der anderen ablesbar sind (Ursache, Wirkung, Triebkraft, Kette, Rad, Bewegung, Kraft, Element usw.), wird die Anziehung, die das aus der mechanischen Physik hervorgehende Reflexionsmodell auf die Geister ausübt, deutlich erkennbar. Analog zum Physiker, der die Phänomene in ihre Grundbestandteile, die Atome, zerlegt, arbeitet der politische Philosoph die Attribute des Menschen, seine natürlichen Rechte, heraus. Mit ihrer Hilfe skizziert er die Zusammensetzung des politischen Körpers, des Staats (eine Staats-Physik), wobei er das einigende Band eines Vertrags, einer Konvention, einführt, die hinreicht, die als Atome gedachten Individuen miteinander zu verknüpfen, sollte dies auch durch äußerliche Bindungen geschehen. Der Aufbau der politischen Ordnung wird vollkommen kunstmäßig.

*Die Fiktion des Naturzustands: Hobbes, Locke*

Das große Verdienst von Grotius (*Vom Recht des Krieges und des Friedens*, 1625) liegt darin, daß er das Problem der Einheit des modernen Staats in Begriffen der Konvention gestellt hat: »Ein vollkommener Körper freier Personen, die sich zusammengetan haben, um friedlich ihre Rechte zu genießen und um ihrer gemeinsamen Nützlichkeit wegen« (I, 1, § XIV). Wenn diese Bestimmung auch bei vielen anzutreffen ist, so gewinnt sie ihre Bedeutung hier in einer Neudefinition des Naturrechts, das deshalb nicht mehr auf ein transzendentes Gerechtigkeitsmodell, eine bestimmte Ordnung der Welt (den politischen Naturalismus der Griechen etwa) bezogen werden kann, weil es in einem Attribut des Menschen als solchem besteht. Es gewinnt seine Bedeutung darüber hinaus im Postulat eines Werks der Vernunft, dem Wirksamwerden eines ursprünglichen Pakts, mit dem die Menschen dem Naturzustand, einem Naturrecht, das nicht kollektiv verbürgt wäre, entsagen zugunsten eines politischen Staats, in dem Gesetze herrschen, die ebenfalls für alle das in staatsbürgerliches Recht umgewandelte Naturrecht garantieren.

Sowohl Pufendorf als auch Hobbes und Locke machen unmißverständlich klar, daß dem Naturzustand, dessen Elemente sie beschreiben, keine andere Realität zukommt als die einer Fiktion, praktisch genug, um damit den Blick von den Tatsachen zu befreien und durch Glorifizierung des Untertanen- (nicht: Unterwerfungs-)Vertrags, von dem die politische Ordnung ausgehen muß, andere Prinzipien aufzudecken. Der Naturzustand ist kein Zustand der natürlichen Fülle oder Not, kein chronologisch datierbares Ereignis, keine Annahme über den Anfang der Menschheit. Er stellt eine logische Figur dar, die das Verstehen der gegenwärtigen Erfordernisse der Soziabilität (Freiheit, Gleichheit, Sicherheit) und die moderne Definition des Politischen erleichtert.

In dieser Hinsicht hebt sich Hobbes von den anderen Theoretikern des Naturzustands ab. In seinem (1651 veröffentlichten) *Leviathan* kommt eine Konzeption des Naturzustands zum Ausdruck, wonach dieser sich als Kriegszustand definieren läßt. Das im Naturzustand (ein Konglomerat von Schlechtigkeiten, von hemmungslosen gegensätzlichen Begierden, von Konkurrenzen und alles andere als ein paradiesisches Dasein) eingerichtete Naturrecht auf alles, über das der Mensch verfügt, läßt die Menschen fortwährend gegenseitig in Krieg treten und in mörderischen Kämpfen ihr Leben aufs Spiel setzen. Unter einem derartigen Druck dringt die Vernunft, d.h. das Interessenkalkül und der Wunsch nach Frieden, auf das Erfordernis eines stabilen gesellschaftlichen Bandes, das das Leben eines jeden auf Dauer zu bewahren hilft: Todesfurcht löst das Gebot aus, sich der Kunst der staatsbürgerlichen Sicherheit zu widmen. Gebannt wird die Angst durch die Übertragung der Herrschergewalt auf einen einzigen, der im Gegensatz zu allen anderen sein Recht behält. Gefestigt wird eine derartige Friedensanstrengung im Staat, diesem eingesetzten Souverän, dessen Rolle im Schutz eines jeden durch Enteignung aller besteht (von daher sein Name, Leviathan, Nachbildung des biblischen Monsters in Gestalt eines künstlichen Tiers), wobei er die einzelnen wechselseitigen Konzessionen unterwirft, Frieden stiftet, indem er jedes singuläre Naturrecht entäußert.

Dieser sterbliche Gott (im Gegensatz zum unsterblichen und nicht von den Menschen abhängigen Gott) resultiert aus einem Untertanen- oder Herrschaftsvertrag (»Ich autorisiere diesen Menschen oder diese Versammlung von Menschen und übertrage ihnen mein Recht, mich zu regieren, unter der Bedingung, daß du ihnen ebenso dein Recht überträgst und alle ihre

Handlungen autorisierst«). Er genießt legitime (regulative, normierende) absolute Macht: ist »eine Person [...], bei der sich jeder einzelne einer großen Menge durch gegenseitigen Vertrag eines jeden mit jedem zum Autor ihrer Handlungen gemacht hat, zu dem Zweck, daß sie die Stärke und Hilfsmittel aller so, wie sie es für zweckmäßig hält, für den Frieden und die gemeinsame Verteidigung einsetzt« (*Leviathan*, Teil II, Kap. 17).

Diese Art von Schutz sucht Locke nicht. In den *Zwei Abhandlungen über die Regierung* (1690) liefert dieser neben einer regelrechten Widerlegung des *De Patriarcha* von Sir Robert Filmer (Erste Abhandlung) seine These, wonach das Naturrecht – anders definiert als Freiheit-Unabhängigkeit, Gleichheit, Eigentum – ganz im Gegenteil direkt in die vom Staat eingerichteten Gesetze übertragen werden muß. Der Staat verwandelt sich in ein politisches Werk, das unmittelbar aus einem ersten Vertrag hervorgeht, den Menschen geschlossen haben, die das Beste eines glücklichen Naturzustands gemeinsam zu bewahren wünschen (Zweite Abhandlung). Dieser erste Vertrag – oder eigentliche Gesellschaftsvertrag – konstituiert die Zivilgesellschaft, da in ihm jeder einzelne die Machtbefugnisse, über die er verfügt, in die Hände der Gemeinschaft (*commonwealth* im Sinne von *res publica*) legt. Allerdings wirkt die Gemeinschaft selbst nicht gesetzgeberisch: Deshalb ist ein zweiter Vertrag ins Auge zu fassen, der Regierungsvertrag, mit dem die Gemeinschaft die Menschen bestimmt, die die Gesetzgebungsfunktion erfüllen sollen.

Hobbes und Locke teilen folglich die Bezugnahme auf das Naturrecht nur, um sich hinsichtlich seiner Auffassung und seiner Konsequenzen wieder zu trennen. Der Staat: ein entschiedenes Artefakt für den ersten, dessen barocke Triebfeder (die Vanitas des Lebens erblüht vor dem Hintergrund der Todesfurcht) in den Mechanismen ausgemalt wird, mit denen er den Bürgern den Gehorsam aufzwingt, dabei zugleich aber die nicht-politischen Wirksphären außen vor läßt. Und ein Staat als wechselseitige freie Assoziation für den zweiten, in dem die gebilligte Regierung (eher *trust* als *contract*) nur ein vom Volk denjenigen, die es vertreten, anvertraute Aufgabe ist und übrigens die Tätigkeitsfelder, die nicht den zwischenmenschlichen Konventionen unterstehen, nicht minder außer acht läßt. Mit anderen Worten, ein starker Staat, der die Religion ausklammert, für den einen, und ein liberaler Staat der konstitutionellen Monarchie für den anderen.

Damit ist das Schicksal der Moderne vorgeprägt. Statt an die Überlieferung, an Sitte und Brauchtum, an die Heiligung der Vergangenheit verweist die Moderne das politische Dasein des Volkes (Vielzahl *und* Einheit) an die Bildung eines den Willen der einzelnen entspringenden Bandes.

*Dem Naturrecht entkommen: Montesquieu*

Es gibt mehrere Arten, mit der griechisch-antiken und mittelalterlichen Anschauung eines auf einer transzendenten Norm begründeten Gemeinwesens zu brechen. Die einen unternehmen es, das neue rationale und universelle Fundament der öffentlichen Bindungen und Verpflichtungen aufzudecken. Dabei ist natürlich weniger von vollkommenem Regime die Rede – auch wenn das Ideal einer perfekten Gesellschaft und einer einheitlichen und stabilen politischen Ordnung nicht fehlt – als von legitimem Gehorsam und Zwang in den rein menschlichen Institutionen, geschaffen aus Sorge um die Freiheit und das Wohl der Menschen. Gleichwohl dient das Naturrecht in dieser Version wiederum als rationale Norm und absoluter Bezugspunkt, wobei verbissen zu verhindern versucht wird, eingestehen zu müssen, daß auch hier und heute dem Politischen Gewalt, wie immer auch kaschiert hinter Anciennität, und die Launen des Schicksals zugrunde liegen. Genau diese Klippe aber möchten die anderen umschiffen. Sie gehen das Problem von anderen Seiten an und entziehen sich dabei, wie Giambattista Vico (1668–1744) und Charles-Louis de Secondat, Baron de Montesquieu (1689–1755), dem *Naturrechtsdenken*.

Montesquieu, gestützt auf Aristoteles und den von ihm eröffneten Raum, umgeht tatsächlich die doppelte Problematik des Naturrechts und des Willens, indem er nach dem Grund, der Grundlage des Gesetzes, des positiven Rechts sucht statt nach der dessen Einrichtung leitenden Intention. Diese Verschiebung hin zur »Natur der Sachen« – den *Geist* oder das die Gesetze konstituierende Verhältnis – verbietet es, die Politik auf die menschliche »Phantasie« (Vorwort zu *Geist der Gesetze*, 1784) zurückzuführen – wobei man wissen muß, daß der Autor damit das Profil der Naturrechtsphilosophien bezeichnet. Im übrigen sind die Gesetze nicht durch einen Faktor allein (sei es der Wille) zu erklären; vielmehr beruhen sie auf der Kombination von mehreren Faktoren: Sitten und Gebräuche, Klima, Handel, Religion, Gesetzgeber usw.

Montesquieu beschränkt sich nicht auf die Untersuchung des positiven Rechts; er betrachtet eingehender die politische Frage, dieses Mal unter dem Gesichtspunkt der Regierung. Mit jenem Ansatz brechend, der die Regierung durch die Zahl zu bestimmen sucht (ein Erbe Platons), betont er vielmehr die Regierungsweise. Jede Regierungsweise hat als »Triebkraft« ein Prinzip und ein Ziel: im Despotismus sind es die Furcht und die Genüsse des Fürsten; in der Monarchie sind es die Ehre und ihr Ruhm wie der des Staats; in der Republik ist es die Tugend (ohne genauere Angabe ihres Inhalts) – wenn man die Liste einmal auf die drei einfachen Regierungssysteme beschränkt.

Allerdings ergreift Montesquieu Partei für eine »vierte« Regierungsform jenseits der oben genannten, deren Zielsetzung die »politische Freiheit« ist (das englische Modell einer »gemischten Regierung«, das Monarchie [König], Aristokratie [Oberhaus] und Republik [Unterhaus] vereint). Ihre Grundlage beruht weniger in der Lehre der Gewaltenteilung (die ihm fälschlicherweise zugeschrieben wird, dabei begnügt er sich lediglich mit dem Verbot der Anhäufung juridischer Funktionen des Staats, Buch XI, Kap. 6) als in der Erinnerung daran, daß Freiheit nicht darin besteht, zu verwirklichen, was man willkürlich will, sondern »alles das zu machen, was die Gesetze erlauben« (XI, 3). Letztlich also eine Macht, die »durch« Gesetze und nicht nach Gesetzen ausgeübt wird.

*Andere Fundamente der Demokratie: Hume*

Parallel zu diesen Überlegungen lenken weitere Philosophen das Augenmerk auf Elemente des Gesellschaftsverhältnisses, die nicht auf Politik und Staat zurückzuführen sind: auch der Markt stiftet Beziehungen der Reziprozität zwischen den Individuen. So machen der englische Arzt Bernard Mandeville (1670–1733) und der englische Ökonom Adam Smith (1723–1790) geltend, eine stabile Ordnung ließe sich auch dann begründen, wenn die Menschen abhängig von ihren Interessen (und deren Reziprozität) handelten. Die Rationalität des Nutzens bringt den voluntaristischen politischen Doktrinen einen herben Schlag bei, wenn sie behauptet, sie verwandle privaten Reichtum in die Basis gesellschaftlicher Kohäsion: Ordnung und Zusammenhalt setzen sich aufgrund des Handels und der Bindungen der Menschen an ihre Bedürfnisse durch (Mandeville, *Bienenfabel*, 1714).

Auf dieser Grundlage greift der englische Philosoph David Hume (1711–1776) direkt Hobbes an, wobei er Machiavelli gegen ihn ausspielt. Er zeigt, daß die Vertragstheorie wie ein Vorwand wirkt. Ihr zufolge verwandelt sich die Zustimmung des Volkes in ein Fundament der Regierung, während doch in Wahrheit die Zustimmung aus einer Gewohnheit entspringt und die Macht aus Usurpation oder Eroberung resultiert. Weitergehender noch, die Menschen finden sich nur mit Bezug auf ihre Interessen zu Gruppen zusammen. Durch diese Interessen werden Kräfte mobilisiert. Und diese wiederum setzen Gesetze durch. Den Rest erledigt die Meinung (Brauch, Gewohnheit), d. h. das Festhalten am Ziel der Aufrechterhaltung der Ordnung (*Vom Urvertrag*, 1748). Allerdings führt diese liberale empiristische Auffassung des gesellschaftlichen Verhältnisses zur Aufwertung der Fakten. Als Kontrapunkt dazu gewinnt die Naturrechtsphilosophie innerhalb der Theoriengeschichte an Gewicht, insofern sie einen politischen Konstruktivismus entwickelt, der das Allgemeingesetz dem Markt und das Recht der Anhäufung der individuellen Interessen gegenüberstellt, ohne daß deshalb der Markt abgeschafft werden soll.

Mit Hobbes und Locke definiert der »demokratische Staat« ein gesellschaftliches Verhältnis, das seine Legitimität aus der notwendigen Sicherheit und wechselseitigen Toleranz gewinnt. Doch stellt die Sicherheit wirklich das Ziel des Staats dar, vor allem, wenn sie sich anhand äußerlicher Bindungen durchsetzt? Sicher nicht. Aber die Schwierigkeit ist nicht so einfach zu überwinden. Welche Mühen müssen die Philosophen der Aufklärung auf sich nehmen, um nicht den Widersprüchen zwischen dem Naturrecht (Gegensatz Natur-Artefakt) und dem Naturzustand (eine menschliche Natur beschuldigend, die bald gut, bald schlecht ist), den eines Gesellschaftsvertrags zu verfallen, der ein Herrschafts- bzw. Untertanenvertrag bleibt (auf der Grundlage isolierter einzelner). Man muß lange warten und sich sogar den Problemstellungen der Aufklärung entziehen, bevor jene Form der Assoziation festgesetzt werden kann, die auf der alleinigen Ausübung des Willens begründet ist, dessen Atem auch das Gemälde von Jacques-Louis David durchzieht: *Der Eid vom Jeu de Paume* (1782).

*Der Bürger-Gesetzgeber nach Rousseau*

Ein Assoziationspakt ist zu definieren, der allein darauf verweisen kann, daß die Übel, an denen die Menschen leiden, nicht der menschlichen Natur entspringen. Die Perversionen sind gesellschaftlich. Dieser Pakt muß einen legitimen und gerechten politischen Staat, einen modernen demokratischen Staat bestimmen. Dank ihm wird der Mensch zum einzigen Verantwortlichen für das Leben, das er führt.

Wenn Jean-Jacques Rousseau (1712–1778) die Verworrenheiten der Aufklärung kritisiert, bekräftigt er die Existenz eines Willens, dessen Konstitution von Anfang an zur staatsbürgerlichen Ordnung gehört. Die wesentliche Intention des *Gesellschaftsvertrags* (1762) wird in der Aufteilung auf vier Bücher ablesbar: das erste verdichtet die Problematik um die Fundierung des Staats; das zweite führt in dessen Dynamik ein; das dritte setzt sich mit der Frage der Regierungsform auseinander; das letzte schließlich krönt das Gebäude jener »Prinzipien des Staatsrechts« durch Überlegungen zum Zusammenhalt des Staats.

Rousseau legt größten Wert darauf, von Beginn an jede mögliche Bezugnahme auf die Natur (Stärke, natürliche Autorität) zu vermeiden, da er das Recht nicht auf die Gewalt (das Gesetz des Stärkeren) gründen will. Um in den genuinen Bereich der politischen Philosophie einzutreten, überwindet er die Doktrinen des Naturrechts und des Herrschaftspakts, indem er die Notwendigkeit ins Feld führt, den Akt, durch den ein Volk eine Regierungsform auswählt, von jenem Akt zu unterscheiden, mit dem es sich dadurch als Souverän konstituiert, daß es sich als Menge aufgibt, um sich zur öffentlichen Macht, zum Volk zu erheben.

Mit anderen Worten, der Gesellschaftsvertrag bringt die einzigen möglichen (staatsbürgerlichen) Rechte zum Erscheinen, die auf dem Verzicht eines jeden einzelnen auf seine Souveränität und auf der Weigerung gründen, sich einer anderen Person zu unterwerfen. Jeder geht einen Pakt ein mit sich selbst und mit dem Gesellschaftskörper (dem Ganzen), dessen unteilbares Glied jeder einzelne ist. Das souveräne Volk, Gründungsprinzip der Ausübung der demokratischen Souveränität, ist nicht mit einer demographischen Vielzahl identisch, sondern begreift sich als eines im Akt der (positiven) Entäußerung, mit dem einzelne sich mit allen vereinigt, dabei aber doch nur sich selbst gehorcht (I, 6) und seine wirkliche Freiheit in der Befolgung des Gesetzes findet, das er will.

Es ist nicht zu übersehen, daß Rousseaus gedankliche Stärke weniger darin lag, daß er den Staat in einem Pakt begründete, als daß er diesen Pakt auf eine ganz besondere Weise begriff, daß er an die Quelle der Einheit des Staats den Willen verlegte, der als einziger in der Lage ist, Legitimität und Gerechtigkeit zu garantieren. Die Souveränität entspricht einem rein menschlichen Akt. Im buchstäblichen Sinne gibt es das Volk nur als aktives, seine Souveränität ausübendes. Der Staatsbürger macht sich zum Ursprung und Garanten des gemeinsamen Gesetzes, indem er, in der Einheit und dem Glück des einen Gemeinwesens, seine Partikularität überwindet.

Was den Allgemeinwillen anbetrifft, dieses sakrale Fundament des demokratischen Gesetzes, so ist er nicht durch die Summe der Einzelwillen definiert. In diesem Fall ähnelte er nämlich nur einem Trugbild des Allgemeinwillens. Er setzt voraus, daß jeder einzelne (nicht Gruppen, Fraktionen oder Parteien) sich im Akt der Formierung des Volkes, worin der Allgemeinwille geschaffen wird und dessen Souveränität die Legitimität zum Ausdruck bringt, völlig hingibt. Genau so bestimmt sich die Identität des Volkes: durch diesen Akt. Er zeugt öffentlich von einer fortan die staatsbürgerliche Freiheit garantierenden Universalität.

*Die Ausübung der Staatsbürgerschaft in der Analyse Condorcets*

Die modernen Revolutionen, zumal die Französische Revolution, bringen die oben genannten Philosophien ins Spiel. Unter bestimmten Aspekten geraten die politischen Philosophien dabei im Laufe der Ereignisse aneinander.

Einige Philosophen, unter dem Vorwand der Rückwendung zur Vergangenheit und des Werts der Tradition, geißeln die in Gang gekommenen Veränderungen als schädlich (Edmund Burke, 1729–1797). Andere übertragen die philosophischen Prinzipien in die eigentlichen Überzeugungen und Ziele einer Revolution, die den neuen lebendigen Körper der Nation stiftet, einer Nation, die aus jenen besteht, die geboren werden, arbeiten und gemeinsame Projekte ausführen (Emmanuel Sieyès, 1748–1836, *Was ist der Dritte Stand?*).

Andere wiederum setzen diese praktischen Philosophien in die Tat um und eröffnen damit dem Revolutionsbegriff ein neues semantisches Feld: Die Revolution stürzt die soziale Pyramide um und vollzieht den Übergang vom Zeitalter des Verbrechens in das Zeitalter der Gerechtigkeit (Maximilien de Robespierre, 1758–1794; Louis Saint-Just, 1767–1794). Wieder andere schließlich berufen sich auf die Vernunft, damit sie, anhand der akkumulierten Kenntnisse – deren Bestandsaufnahme in der *Enzyklopädie* von Diderot und d'Alembert zu finden ist (1751) –, die Fähigkeiten aufklärt (Wirtschaft, staatliche Erziehung, Gesetzgebung), deren die Revolution in der Hoffnung auf eine unausweichliche Zukunft bedarf (Marie Jean Antoine Caritat, Marquis de Condorcet, 1743–1794).

Damit ist hinlänglich gesagt, daß die politische Philosophie neue Themen und eine andere Art der Konfrontation mit der Praxis entdeckt. Die öffentliche Sache wird in dem Maße des Interesses würdig, wie die Bürger daran Anteil nehmen, aufgrund ihres Verhältnisses zum Recht und zur Verfassung, dem Garanten gegen Willkür und Intoleranz. Die Übertragung der Theorie des Allgemeinwillens in die revolutionäre repräsentative Demokratie (Sieyès) löst interne Umbildungen aus, deren zentrale die politische Funktion der Bürger betrifft. Sind die Begeisterungsstürme der Masse – ihr wird weitgehend mißtraut – würdig, unter die staatsbürgerlichen Akte aufgenommen zu werden? Eingedenk des Unverständnisses hinsichtlich der widersprüchlichen Orientierungen der einen wie der anderen werden sowohl der Status des Gesetzgebers als auch das Problem der politischen Bildung der Bürger entscheidend. Denn wenn der Gesetzgeber auch kein Ausnahmemensch mehr ist, sondern das versammelte Volk, so bleibt doch immer noch die Frage, wie die Bürger das Gesetz reflektieren.

Nichts ist in diesem Sinne bemerkenswerter als die Lösung dieses Problems. Entschlossen, keinem Dogma, keinen illegitimen Einflüssen zu weichen, fordert die entschiedene demokratische Einstellung eine Übereinstimmung freier Bürger – jeder muß seine Zustimmungen, Zweifel und sogar Ablehnungen durch Stimmabgabe uneingeschränkt kundtun können. Ungeachtet der Schwierigkeiten seiner Etablierung wird zunächst an ein Öffentlichkeitsprinzip appelliert, verstanden als öffentliche Entfaltung der Vernunft, deren Möglichkeit, sich ihrer selbst bewußt zu werden im Zusammentreffen mit dem anderen und in Toleranz, im übrigen die Fähigkeit, das Unterschiedliche zu verknüpfen und zu einen. Von da aus darf dann auch als gesichert gelten, daß der Allgemeinwille der öffentlichen Diskussion entspringt.

Condorcet, Mathematiker und Physiokrat, bringt dies in

Formen der Infinitesimalrechnung zum Ausdruck: Die Richtigkeit der öffentlichen Beratung ergibt sich aus der Summe der unterschiedlichen Willen. Dieses Verrechnungssystem, dank dem das gemeinsame Interesse eintritt, rechtfertigt die philosophische Wahl der Demokratie, dann die politische Wahl ihrer Realisierung in Gestalt der Republik.

Hinsichtlich der Staatsbürgerschaft kommt Condorcet nicht sofort zu derartigen Schlußfolgerungen. Bis kurz vor der Revolution, in enger Verbindung zum ehemaligen Minister Turgot stehend, verknüpft er die Staatsbürgerschaft mit dem Besitz an Grundeigentum, insofern dieses das gesellschaftliche Verhältnis (Beitrag zum gemeinsamen Reichtum) objektiviert und folglich den zur Ausübung seiner Rechte zwingt, der sein Eigentum erhalten will.

1793 dann ergreift er Partei für das allgemeine Stimmrecht. Der moderne öffentliche Raum (der der Stimmabgabe, der nicht notwendig der öffentliche Raum des Wortes ist) unterliegt damit dem faktisch Gegebenen. Condorcet predigt eine integraluniverselle Staatsbürgerschaft (einschließlich der Gleichheit der beiden Teile der Menschheit: Frauen und Männer). Wirksam werden soll sie seinem Vorschlag nach ab einundzwanzig, dem Zeitpunkt, ab dem sie auch das Heimatrecht ersetzen kann, wenn man länger als ein Jahr auf dem Territorium der Republik residiert hat. Die Anerkennung als Mitglied der politischen Gesellschaft verbindet er nicht mit der Nationalität, denn die gemeinsamen Angelegenheiten werden eher durch den konkreten Ort bestimmt, an dem man lebt.

Zugleich, so fährt er fort, sollte man nicht die Ausbildung des Staatsbürgers vergessen, deren Zweckmäßigkeit eine politische bleibt: bekanntlich bindet die Tyrannis die Knechtschaft an die Unwissenheit. Die Ausbildung dagegen besitzt jene unvergleichliche Kraft, die Menschengattung zu vervollkommnen, das politische Subjekt seiner Partikularität zu entreißen, es daran zu hindern, in unkontrollierte Niedergeschlagenheit und Begeisterung zu verfallen, jene Kraft, die Pläne und Entscheidungen zu erhellen, die Gleichheit aller zu erleichtern. Erkennen, sich erkennen, Fortschritte machen: dies ist alles eins. Vor allem, wenn man die Realisierung einer unmittelbaren Demokratie zum Ziel hat, wie Rousseau und wie Condorcet (Zehnte Epoche des postumen Werks *Entwurf einer historischen Darstellung der Fortschritte des menschlichen Geistes*).

Mit der Beschreibung jener Disziplin, die die Demokratien ausmacht, vollendet die klassische politische Philosophie ihre Bahn. In gewisser Weise lösen sich die Formen politischer Gewalt in der demokratischen Einheit auf. Wenn einige Formen von Gewalt übrigbleiben, so lassen sie sich, meint man, weitgehend auf jene Menschennatur zurückführen, die immer noch angeführt wird, um gesellschaftliche Schwierigkeiten zu maskieren. Jedenfalls soll die demokratische Verfassung das Problem der inneren Gewalt lösen können, durch Einrichtung eines gesicherten und befriedeten Staats, in dem sich die Gewalt nur noch in Wortgefechten während der Versammlungen niederzuschlagen sucht.


*Innerer und äußerer Frieden in Kants Republik*

In ihrem Bestreben, die Demokratie auf einen Willensakt (praktische Vernunft) zu gründen, auf die theoretische Kritik und den (durch die Vernunft gerechtfertigten) Widerstand gegen Intoleranz, sind die kritischen Geister sich dennoch im klaren, daß noch heikle Situationen zu meistern sind, die in diesem Fall aber den Streitfällen und konflikthaften Beziehungen zwischen den Staaten zugeschrieben werden. Erfordern die Weltlage, die »internationalen« Beziehungen also eine nicht minder entschiedene Aufmerksamkeit wie die Beschaffenheit des Gemeinwesens, soll der einzige mögliche Frieden nicht der (ewige) Frieden der Friedhöfe sein?

Auf jeder Stufe muß an die Stelle des schlichten Spiels von Kräften und der Willkür, das in den Tod führt, die Freiheit treten. Allerdings müssen die Menschen erst noch die Regeln schaffen, mit denen sich ein modernes Leben auf der zwischenstaatlichen Ebene, das den allzu raschen Rückgriff auf Kriege einstellt, auf Dauer erhalten läßt. Die bloße Koexistenz von Staaten (die Welt als Summe der Vielzahl von Staaten) kennt, da Opfer wechselseitiger Gleichgültigkeit, Opfer von Kriegen, die nur durch Mängel und Fehler der Kämpfenden eingestellt werden, noch nicht den Frieden. Die Staaten der unmittelbaren Form eines Weltstaats zu unterwerfen wäre reduktionistisch.

Zunächst einmal, so präzisiert Immanuel Kant in seiner Schrift *Zum ewigen Frieden. Ein philosophischer Entwurf* (1795) – wobei er sich auf Thesen von Bernardin de Saint-Pierre und Rousseau stützt –, überlassen wir die Reflexion nicht irgendeinem Gefühl. Will man den Krieg in ein Gesetzeswerk einbinden, muß zunächst anerkannt werden, daß es den Krieg gibt. Er stellt eine Art (hobbesschen) Naturzustand auf der Ebene der Staaten dar (Macht, Stärke, Angriff, Bedrohung). Tendenziell ist er sogar so etwas wie ein Symptom fehlenden Rechts, das ein Bestreben nach Recht offenbart. Dies trifft auf den Verteidigungskrieg zu, da dieser den Zwang zurückweist, der die Freiheit und Souveränität jedes einzelnen Staats negiert. Der Friedensgedanke impliziert das Bewußtsein einer Menschheit, die sich unter einem gemeinsamen Regelwerk versammelt und vereinigt.

Bereits auf der Ebene des demokratischen Staats strukturiert das Recht die Bedingungen seiner Vereinigung (der auf der Grundlage der freien Willen verwirklichte Gesellschaftsvertrag, unverletzbare Einheit). Um so stärker noch wird mit der Verlautbarung eines kosmopolitischen Rechts der Frieden in einer legitimen Beziehung zwischen Staaten unterschiedlicher Stärke und Gesetzgebung verankert. Doch hängt der Frieden von den Staaten ab oder von der Vernunft eines jeden einzelnen? Der ewige Friede, so macht Kant geltend, stellt sich zugleich als Anspruch an die Staaten, sich untereinander zu verständigen, dar und als ein Konzept der praktischen Vernunft. Er besitzt einen inneren und einen äußeren Antrieb: zum einen die bürgerliche Gesetzgebung (Demokratie) und zum anderen die (rationale universelle republikanische) kosmopolitische Gesetzgebung.

So findet also der im Krieg freiwillig geschenkte Tod im Zentrum der politischen Philosophie eine Rechtsstellung. Denn auch in diesem Fall geht es um das Handlungsvermögen des Menschen. Der Konfrontation mit dem anderen wohnt die Erfahrung inne, daß der Mensch sich über alle Natur erheben kann. Ob es sich um die Frage des Rechts handelt oder die des Muts und der Tapferkeit: die humanistische Reflexion, die klassischen Prinzipien wie die Imperative der Aufklärung bleiben ausgerichtet an der Möglichkeit, in allen Dingen Frieden zu schließen. Der Anspruch der Vernunft weist in jedem einzelnen Fall eine politische Struktur auf: die des modernen Staats.

Alles in allem kann hier eine Bilanz gezogen werden. Die politische Philosophie, die den Staat zum Körper des modernen Willens zur Einheit erhebt, vollendet ihren Lauf. Sie hat versucht, Wirkungen entsprechend den Verfügungen der praktischen Vernunft hervorzubringen. Von nun an vereinen der interne öffentliche Frieden und der zwischenstaatliche Frieden die Menschen in einem gemeinsamen Ziel: dank festgeschriebener Verfassungen frei zu leben. Der Staat ist kein patrimoniales Gut mehr, er ist identisch mit dem Gesellschaftskörper, der sich aus sich und durch sich selbst konstituiert gemäß dem neuen Vorbild einer selbst-gestifteten Gesellschaft. Die Gesellschaft wird von jedem ihrer Mitglieder uneingeschränkt gewollt, ohne Rekurs auf eine Transzendenz und ohne vorgängige Bezugspunkte. Das souveräne Volk regiert, ohne dabei auf vorbestimmte Führungsnormen zurückzugreifen.

Dies vollzieht sich nicht, ohne daß nicht auch die Lage der Philosophen sich veränderte. Warum also geben sie sich so viel Mühe? Begreifen sie nicht, daß ihre Arbeit die politische Debatte aufzuklären und Motive des Kampfes zu liefern vermag?

## Die Politik und die geschichtlichen Kräfte
## (19. Jahrhundert)

Ohne Zweifel ist die Französische Revolution gleichsam ein Peitschenschlag für das Politik und Geschichte reflektierende philosophische Denken. Ob Franzose oder nicht, diese Revolution schärft in jedem das Bewußtsein für die Besonderheit der Neuzeit. Wenn, auf der praktischen Seite, der Staat organisiert werden muß, so konzentrieren sich, auf der theoretischen Seite, die Geister – die noch im Rahmen der Aufklärungsphilosophie erzogen sind – auf das Erfordernis einer verwirklichten Institutionalisierung der Vernunft ohne Privilegierung ihrer theoretischen Komponente. Auf den ersten Blick scheinen die Besorgnisse hinsichtlich der Aufwertung des modernen Prinzips der Legitimität zu schwinden.

Doch 1789, dieses symbolische (und denkwürdige) Datum signalisiert sehr rasch, daß die Aufgabe der politische Philosophie sich wandelt: Über die Fragen des Naturrechts oder des Allgemeinwillens, der Fundierung des gesellschaftlichen Verhältnisses, der Motive zum Gehorsam oder zum Delegieren hinaus konzentriert sich die Aufmerksamkeit auf die Form der Regierung und die Formung der Bürger, auf die Bewegungen und Leidenschaften der Massen, die Schwingungen des durch das neue Gesetz explizit (scheinbar?) vereinigten politischen Körpers.

Nun, da der Staatsbürger an die Kommandostelle des Gemeinwesens gestellt ist, rückt man immer entschiedener von der Philosophie des Gesellschaftsvertrags ab, um einer politischen Philosophie Recht zu verschaffen, die im Ruf steht, die widersprüchlichen Kräfte, die das Feld des Politischen und die Geschichte durchziehen, zu berücksichtigen. Die Möglichkeit von emotionalisierten Reaktionen ist immer noch gegeben. Einige vollziehen sich in Schreckensherrschaften, in Imperien oder Restaurationen. Andere lassen neue Ressourcen des Gesellschaftskörpers sichtbar werden. Auch wenn für viele die

Form des vollkommenen Gemeinwesens in errungener juristischer Sicherheit ausgeführt zu sein scheint, vorausgesetzt, ihm wurde eine endgültige Gestalt auferlegt.

Einige Jahre genügen, damit die Philosophie der Aufklärung ihre Sicherheit verliert und man daran denkt, sich in anderen, höchst polemischen, sowohl praktisch wie theoretisch orientierten Parteien zu engagieren. Stellen diese auf den ersten Blick lediglich bestimmte Varianten dar, die Aufklärung fortzuführen, so werden doch auch Korrekturen an ihr notwendig. Die Formen politischen Verhaltens verweisen auf andere Inhalte. Zeugt der verwirklichte moderne Staat lediglich von den dem Naturrecht zuerkannten Vergünstigungen, worauf die *Erklärung der Menschen- und Bürgerrechte* insistiert (1789, Art. 2: »Der Zweck jedes politischen Zusammenschlusses ist die Bewahrung der natürlichen und unantastbaren Rechte des Menschen. Diese Rechte sind Freiheit, Eigentum, Sicherheit und Widerstand gegen Unterdrückung«)? Genügt es – wie in derselben *Erklärung* (Art. 4, wiederaufgenommen in der *Erklärung* von 1848) zu lesen – zu bekräftigen, daß die Freiheit darin besteht, alles tun zu können, was anderen nicht schadet? Wie sind die Begeisterungsstürme der Massen, die Volksaufstände und Volksagitationen zu bewerten?

*Politisches Handeln und Geschichte*

Innerhalb des Feldes der Philosophie bricht ein Konflikt aus und offenbart, in welchem Ausmaß es durch Spannungen zwischen Gesellschaft und Wissen, durch den Konflikt zwischen Sicherheit der Vernunft und den Gewalttätigkeiten der Geschichte, die man dank der Aufklärung doch gebannt zu haben glaubte, geprägt ist. Die von der Vernunft verscheuchte Gewalt kommt zurück und sucht nun Politik und Geschichte heim. Damit verschiebt sich fortwährend das Objekt der politischen Philosophie.

Neben der Frage der Legitimität, die auch weiterhin im Zentrum der philosophischen Konflikte steht (Naturrecht vs.

Geschichte), bestätigt sich die Bedeutungserweiterung des Terminus »Politik«: Ist die revolutionäre Epoche zu Ende, oder muß sie im Gegenteil wieder in Gang gesetzt werden? Beinhaltet dieser Terminus die Sitten, gesellschaftlichen und wirtschaftlichen Konflikte, den Krieg usw.? Die Zirkulation des Worts erzeugt spezifische Reflexionsmatrizen. Die wichtigsten kulminieren in philosophisch fundierten Politiken: Republikanismus, Liberalismus, Sozialismus, Anarchismus, Marxismus.

Die Originalität des 19. Jahrhunderts beruht in der Ausarbeitung von politischen Philosophien, die die Fackel der unterschiedlichen Kräfte der Geschichte in die politischen Theorien und Institutionen hineintragen. Das Vermächtnis der Aufklärungsphilosophie erlaubt vorauszusagen, daß auf den Trümmern der einstigen Bedeutungen wieder ein politisches Vokabular aufgebaut werden muß: Souverän, Untertan, Staatsbürger, Recht, Gesetz, Wille, Nation, Territorium, Grenze sind jetzt entwurzelte und im Rahmen demokratischer Bestimmungen rekonstruierte Begriffe. Insgesamt gibt es wenig neue, aber doch in ihrer Bedeutung revidierte Wörter (Anarchie, Proletarier, Kommune, Kommunismus). Man gewöhnt sich an, die Handlungen entsprechend dem Vektor einer in Angriff zu nehmenden Geschichte zu reflektieren. Die Politik baut nicht nur Anfänge, sie triumphiert auch über Hindernisse und Kräfte, die sich ihr in den Weg stellen.

Jeder versucht, die Möglichkeitsfelder auszumessen, die zwingen, das Handeln in strategischen Kategorien zu denken. Handeln ist wichtiger als Sein, Tun wichtiger als die Lage. In anderen Worten: Das Mögliche nimmt die Bedeutung einer stets offenen und zu realisierenden Zukunft an. Bei fehlender Treue zu irgendeiner Vergangenheit verbindet sich das Primat des Gewollten über das Wahrgenommene mit einer produktiven Zeit, die mit einem Wort von Benjamin Constant als »Freiheit der Modernen« bezeichnet wird.

Unter den diversen Geschichtsdoktrinen setzen sich die wichtigsten mit zwei Philosophen des 18. Jahrhunderts auseinander, die nun wieder eingehender gelesen werden: Vico und Montesquieu. Indem sie es vermeiden, die politischen Probleme von einem hypothetischen Naturrecht aus anzugehen, vertreten beide in der Tat die Auffassung, die Menschen träten keineswegs aus einem gesellschaftlichen Nullpunkt in einen Gesellschaftszustand, sondern von einer Gesellschaftsform in eine andere und wandelten dabei ihre Handlungen, die Geschichte, schöpferisch um. Bei anderen tragen diese Bezugspunkte weitgehend bei zur Erzeugung der Politikanschauungen, die das Selbstbewußtsein der Menschen des 19. Jahrhunderts strukturieren.

*Demokratie oder Knechtschaft: die Ideologen*

Vermittels der Revolutionen werden die Grundsätze legitimer Autorität eingelöst. Doch in diesen Perioden sind auch Beispiele von Fehlentwicklung zu beobachten, die es zu bannen gilt. Der Fall Frankreich, zwischen jakobinischer Schreckensherrschaft und Napoleonischer Militärdiktatur, deckt hinlänglich auf, daß die Demokratie offensichtlich nicht über Barrieren zur Vorbeugung von Gewalt verfügt. Dies im Blick, wollen einige Philosophen der Praxis immer weniger ihre Überlegungen auf die Frage der Verfassung des Staats gegen die Archaismen beschränken. Beherzt konzentrieren sie sich auf die Stabilisierung der Demokratie oder auf die von ihr geweckten Leidenschaften.

Solange nicht Institutionen die Gesellschaftskörper disziplinieren, bleibt ungewiß, welchen Weg die Gesellschaften nehmen. Neben dem ausdrücklichen Willen, mit der Ära der Revolutionen Schluß zu machen, sind es diese Fragen, für die sich jene Gruppe von Philosophen (und Gelehrten) interessiert, die aufgrund der Etymologie des Terminus, auf den sie sich berufen: Wissenschaft der Ideen, ihres Erwerbs und ihrer Verbreitung, als »Ideologen« bezeichnet werden. Auf politischer Ebene schlägt sich die *Ideologie* in einer Pädagogik der Unterweisung des Bürgers nieder. Sowohl Antoine Destutt de Tracy (1754–1836) wie auch Georges Cabanis (1757–1808) und andere fürchten nicht, darauf zu beharren, daß durch Mobilisierung und

Entwicklung des Verstandes freie Bürger geformt werden, die die Republik braucht, um unerschütterlich zu werden.

Wenn die Philosophie dem Gesamtkomplex von Unterricht und Ausbildung Leben und Bedeutung vermitteln, das Wissen durch Erleichterung der Kommunikation zwischen den Disziplinen und den Bürgern verwalten und organisieren soll, dann kann sich eine politische Philosophie mit der Schaffung einer Politik der Philosophie oder des Philosophieunterrichts begnügen. Noch vehementer verteidigen die ›Ideologen‹ die Legitimität der jüngst eingerichteten Institutionen, d.h. die Legitimität jener Einrichtungen, die mit der Erzeugung des Bildes der Vernunftgesellschaft betraut sind, damit, in einem Volk wieder den Verstand zu schaffen, der der neuzeitlichen politisch-moralischen Situation entspricht. Damit bildet sich ein Zirkel: Die Republik bietet den Philosophen und Gelehrten Sicherheit (im Kontrast etwa zur Monarchie), dafür konstruieren diese deren Geist, geben ihr Stabilität und Frieden.

Aus anderen Quellen schöpfend, aber derselben gedanklichen Ordnung folgend, legt Benjamin Constant (1767–1830) dem Publikum einer Reihe von Verfassungsentwürfen vor, die die Demokratie stärken sollen. Vor allem, um sie gegen jenen »Tschingis Khan« wachsam zu machen: Napoleon. Constants Überzeugung nach bleibt das relevanteste politische Problem die Klärung der Strukturen einer repräsentativen Regierung, genauer die Wahl – zwischen konstitutioneller Monarchie und Republik – einer Form der Staatsgewalt, die in der Lage ist, den Manipulationen der Versammlungen und Gremien einen Riegel vorzuschieben.

Mit Blick auf zwei historische Beispiele – der internen Beschränkung der antiken Demokratie und der Schwäche der Versammlungsdemokratie, die für ihn durch die Schreckensherrschaft belegt ist – nimmt er sich vor, die Exzesse einer gleichwohl legitimen Repräsentation wie auch die des demokratischen Staats durch genau festgelegte Verfahren zu korrigieren. Aufbauend auf den Errungenschaften des repräsentativen Regimes, eines Regimes, in dem, so bekennt er, die Souveränität des Volkes folglich auf fiktive Weise ausgeübt wird, beginnt er darüber nachzudenken, wie das System nicht zu transformieren ist, wohl aber auf seine Dysfunktionalitäten Einfluß genommen werden kann. Die *Fragmente eines aufgegebenen Werkes über die Möglichkeit der republikanischen Verfassung in einem großen Land* (1802) stärken seine Überzeugung, indem sie zugleich die Einrichtung einer konstitutionellen Monarchie (die Gesellschaft an ein neutrales, vereinigendes und stabiles Prinzip, Gipfel der Institutionen, bindend) und die Beschränkung des Wirkungsbereichs des Allgemeinwillens (liberale Trennung von Zivilgesellschaft und Staat) herausstreichen.

In der Debatte geht es klar um den Gegensatz von Demokratie und Knechtschaft. Doch er wird im Verlauf dieser Auseinandersetzung ergänzt um eine weitere Perspektive, die jedoch nicht von Europa aus ihr Profil gewinnt. Denn ist in der Tat nicht die Existenz zweier Typen von Demokratie zu bedenken: der revolutionären Demokratie und der nicht-revolutionären oder zumindest ohne Kampf erbauten Demokratie? Diese Dezentrierung der Analyse ist der Veröffentlichung eines zahlreiche Kommentare auslösenden Werks aus der Feder eines jungen Aristokraten, Alexis de Toqueville (1805-1859), zu verdanken: *Über die Demokratie in Amerika* (1835-1840). Ausgehend von Beobachtungen in Amerika und am Ende einer langwierigen Untersuchung widmet er sich einer eingehenden Prüfung der Stärke der Demokratie-Idee.

Er begnügt sich dabei nicht mit der bloßen Formulierung der Demokratieprinzipien (oder ihrer Geltung); er ist beeindruckt von der Vielfalt ihrer konstitutiven Manifestationen und Dynamiken, aber auch von ihren inneren Widersprüchen. In einer ersten Phase deckt er auf, daß die politische Einheit der demokratischen Gesellschaft nicht allein auf dem Rückgriff auf die Verfügungen des Staats beruht. Das Vorhandensein einer staatsbürgerlichen Pflicht läßt sich selbst innerhalb des Gesellschaftskörpers feststellen. Diese impliziert nicht weniger, als daß der einzelne nur seinesgleichen zu gehorchen hat. Faktisch ist damit die Gleichheit ins Zentrum einer solchen Gesellschaft gestellt.

In einer zweiten Phase reflektiert er über die der Gleichheitsfrage immanenten Widersprüche. Natürlich ist zwischen der rechtlichen Gleichheit und jener der sozialen Lage zu unterscheiden. Dessenungeachtet löst Gleichheit – das wesentliche demokratische Empfinden – eine unendliche und trennende Suche aus. Damit kommt eine sonderbare demokratische Dynamik in Gang, entsprechend den möglichen Beziehungen zwischen Freiheit und Gleichheit, zwischen Gesetzgeber und Versammlungen, Gleichheit und Despotismus usw. Toqueville zeigt auf, daß der Zusammenhang zwischen Demokratisierung der Sitten (eine Gesellschaft mobiler Individuen) und »materieller« Zivilisation zwar die Bürger unabhängiger macht, zugleich aber nach Gleichheit der Lebensbedingungen ruft, die auf Knechtschaft zurückzuführen droht, auch wenn sie in diesem Fall gebilligt wird. Denn um diese Unabhängigkeit zu garantieren, bedarf es eines immer stärkeren Staats. Der Konflikt zwischen Freiheit und Gleichheit kann nur überwunden werden, wenn man die Voraussetzungen der Ordnung schafft: den Staat.

*Eine republikanische Philosophie: das Beispiel Renouvier*

Dennoch muß auch noch in Begriffen des republikanischen Modells reflektiert werden, wenn es Wirklichkeit wird. Doch zunächst stellt sich die Frage nach dem Schutz der neuen Regierungssysteme. Durch welche Mittel werden Delikte bestraft? Indem sie sich von Arbeiten des Italieners Cesare Beccaria (1738–1794), einem Hume nahestehenden Autor, inspirieren lassen – *Über Verbrechen und Strafen* (1764) –, definieren einige Philosophen das moderne Strafrecht. Tatsächlich faßt Beccaria die Vertragstheorie in folgender Frage zusammen: Was geschieht, wenn jemand sich im Laufe des gesellschaftlichen Lebens mehr als seinen eigenen Anteil oder den Anteil der anderen aneignet? Er gefährdet die Gesellschaft durch Auflösung.

Deshalb legt der Souverän auf der Basis geschriebener, klarer Gesetze die den Verbrechen entsprechenden Strafen fest. Um richterliche Willkür zu unterbinden, erhält der Richter einen Code, der ihm das Ziel seines Urteils vorgibt: den Schuldigen daran hindern, daß er abermals Schaden zufügt, und die anderen abschrecken, Schaden anzurichten. Jene, die sich vor der Aufgabe fürchten, werden darauf verwiesen, daß das Gesetz nicht retroaktiv ist, daß nicht die Absicht geahndet wird, sondern die Tat selbst, und daß die Todesstrafe keinen Daseinsgrund hat (nutzlos und ohne Beispielcharakter). Auf derselben gedanklichen Ebene operiert Jeremy Bentham (1748-1832), der dem 19. Jahrhundert ausführliche Überlegungen zur Justizreform vermacht. Im Zusammenhang mit Bestrebungen zur Humanisierung des Gefängnissystems wird darin dieses Regime zunächst dem Prinzip der Nützlichkeit – Zwangsarbeit in den Gefängnissen zugunsten privater Unternehmer –, dann dem Prinzip der »panoptischen« Architektur (sehen ohne gesehen zu werden) unterworfen. Das republikanische Gemeinwesen gelangt durch absolute Disziplin und Überwachung zu Wohlstand, wenn noch der letzte Rest an Nicht-Rentabilität eliminiert ist.

Ist daraus nicht der Schluß zu ziehen, daß das zentrale Problem des modernen Staats woanders liegt? Wäre es nicht fruchtbarer, das Problem des Staatsbürgers auf globaler Ebene neu anzugehen? Denn welche Prozeduren dabei auch immer ins Auge gefaßt werden, die Frage bleibt immer noch offen, wie, mit welchen Mitteln die philosophisch reflektierten Fragen zur Form der Legitimität (Demokratie) und zur Form der Regierung (z.B. republikanisch) die Bürger berühren können. Alles in allem hat es die Philosophie seit langem verstanden, sich in eine Pädagogik zu verwandeln, die die Bestimmung der Grenzen zwischen Erlaubtem und Unerlaubtem erleichtert, die Entscheidungsfindung der Bürger bei Kenntnis der Gesetze (Unkenntnis schützt nicht vor Strafe), wobei sie bei Bedarf die Maxime, wonach der Bürger nur im Hinblick auf kennbare Gesetze für seine Taten zur Rechenschaft gezogen werden kann, zur Kenntnis bringt oder betont.

Charles Renouvier (1815-1903) etwa veröffentlicht ein *Republikanisches Handbuch des Menschen und Bürgers* (1848), das nach diesem Modell Philosophie und Pädagogik mischt. In dieser Art elementarer Staatsbürgerkunde stehen sich ein Lehrer und ein Schüler in einem Dialog gegenüber, der sich um die

Frage dreht, wie man auf Erden und unter nicht immer zufriedenstellenden Bedingungen glücklich sein kann: »Die Republik ist eingetreten, das allgemeine Stimmrecht ist zum Zuge gekommen, und doch regieren uns Männer [des Ancien Régime] noch immer. Gewiß, dies große Wort: *die Sache aller*, war ein Merkmal der Aufklärung. Wie könnte *die Sache aller* nicht *die Sache durch alle* und die *Sache für alle* sein?«

Renouvier erinnert daran, daß Individuum und Gesellschaft nicht zu trennen sind. Es gibt nicht zwei Moralen, die des Individuums und die des Staatsbürgers: »Arbeitet und regiert euch so, daß ihr wechselseitig besser werdet.« Das republikanische politische Ideal bleibt unter philosophischen Gesichtspunkten primär. Deshalb gehen die Pflichten des Bürgers auch seinen Rechten vor: Gehorsam gegenüber dem Gesetz, Verteidigung des Vaterlandes, finanzielle Beteiligung. Kurz, »das Leben eines guten Bürgers ist nur eine lange Pflicht«. Das Ende des 19. Jahrhunderts wird diese paradoxen Ansätze – der Bürger, Ursprung des Gesetzes, muß durch das Gesetz erzogen werden – nicht dementieren, sondern sogar noch vermehren, insbesondere im Zusammenhang mit der Bekämpfung des Mißbrauchs des Individualismus, so wie dies etwa in den radikalen Arbeiten des Philosophen Léon Bourgeois (1851–1925, *Solidarité*, 1896) dargestellt wird.


*Die liberale Freiheit John Stuart Mills*

Doch schauen wir uns nochmals die Freiheit an. Läßt sie sich nicht auf den neuartigen Genuß der individuellen Willkür (gleichsam ein Naturrecht) zurückführen? Damit wären Privatsphäre und Privataktivitäten aufgewertet. Eine solche Konzeption von privater Freiheit erweist sich als von Grund auf antirousseauistisch, insofern sie die Macht des Souveräns zurückweist. An deren Stelle treten Individualrechte. Tiefgreifender noch bezeichnet diese Freiheit lediglich eine individuelle Unabhängigkeit als Anhängsel des Tauschsystems. Ihr Modell entnimmt sie dem Liberalismus, der auf den immer wieder bearbeiteten Theorien von Adam Smith und Bernard Mandeville aufbaut.

Der Formulierung des Verhältnisses von Individuum und Freiheit im demokratischen Rahmen gilt das Interesse des englischen liberalen Philosophen John Stuart Mill (1806-1873). Nicht ohne daß dabei der zweite Terminus durch die Unterscheidung von individueller und gesellschaftlicher Freiheit in seiner Bedeutung erweitert wird. Von Beginn an kehrt er den Gesichtspunkt der Aufklärung um; unter Bezugnahme auf die Französische Revolution erinnert er daran, daß das Volk, das die Macht ausübt, nicht immer identisch ist mit den Personen, denen gegenüber sie ausgeübt wird. Von daher ist auch das unvermeidbare Mißtrauen der Individuen gegenüber der Macht und der Gesellschaft erklärbar.

Der Gegenstand von Mills Buch *Über Freiheit* (1859) manifestiert sich folgerichtig an der Grenze zwischen der legitimerweise von der Gesellschaft gegenüber dem einzelnen ausgeübten Macht (gesellschaftliche Freiheit) und den individuellen Interessen. Mit Blick auf die angelsächsischen Länder, in deren Staaten sowohl per Gesetz ermächtigter physischer Zwang wie durch die öffentliche Meinung geförderter moralischer Beistand zur Anwendung kommt, bemerkt Mill einen wachsenden Gegensatz zwischen der Lenkung der wechselseitigen Beziehungen und dem Wohl des Individuums, keines von beiden kann legitimerweise dazu gezwungen werden, nur in dem zu handeln, was es allein betrifft. Wozu ein abstraktes Recht (die Theorie Rousseaus) postulieren, wo doch das Nützlichkeitsprinzip ausreichend instruiert über den Unterschied zwischen der (universellen) »individuellen Spontaneität«, die keinem Gesetz unterliegt (der Wille des Individuums ist gegeben), und den Handlungen jedes einzelnen, die dem Interesse des anderen abträglich sind und im Falle tatsächlichen Schadens auch der Wirkung des Gesetzes unterliegen? Der Bereich dessen, was das Individuum allein betrifft (Meinung und Lebensführung) und dessen Recht für alle als gleich anerkannt werden muß, gehört nicht zur Handlungssphäre der Gesellschaft.

Deshalb bestimmt sich Freiheit im Gegensatz zur Macht, die die Gesellschaft gegenüber dem Individuum ausübt. Zur gleichen Zeit schließt die Herausstellung der individuellen Freiheit nicht das Privileg aus, verstanden als eine Art Barriere gegen die mögliche Auflösung des politischen Körpers, und gewährt den Unterstützungsvereinen und moralischen Vereinigungen, die, aus den Individuen gebildet, dazu bestimmt sind, um jeden Preis den Zusammenhalt des Ganzen zu bewahren.

*Die große Hegelsche Erzählung vom modernen Staat*

Kurzum, zwar muß die Regierungsform nicht systematisch republikanisch sein (Vereinigtes Königreich, deutsche Staaten, Italien usw.), doch erweist sich als wirkliche Instanz der Integration wie der Zurückweisung der moderne Staat, jene Organisationsform, die in Ländern wie Frankreich und England realisiert und in anderen, wie Deutschland, Italien, Spanien usw. Quelle der Unruhe und Sorge ist. Was nunmehr ein Faktum ist, der Staat, stellt sich dar als ein die Kollektivität strukturierendes Gebäude, organisiert in Institutionen, deren Aufgabe darin besteht, die in den Verfassungen festgeschriebenen juridischen Prinzipien in Akte zu überführen.

Die erste fertige Konzeption des modernen Staats findet ihren vollendeten Ausdruck in der Philosophie Georg Wilhelm Friedrich Hegels (1770-1831). Sie erfaßt die moderne Welt im Augenblick ihres Erwachens, geht deren möglicher Entwicklung nach und sucht Bilanz zu ziehen. Wer das System dieses Autors karikieren möchte, sucht es auf eine schlichte, kaum von einer Evolutionstheorie unterschiedene Geschichtsphilosophie zu reduzieren. Wägt man das System in seiner Gesamtheit ab, wie man es für jede Philosophie tun sollte, stößt man auf andere Ansprüche. Insbesondere, was das politische Vorgehen anbelangt, auf jenen, der den 1801 veröffentlichten Artikel *Über die wissenschaftlichen Behandlungsarten des Naturrechts, seine Stellung in der praktischen Philosophie und sein Verhältnis zu den Rechtswissenschaften* (1802/03) mit dem Werk oder »Vorlesebuch« *Grund-*

*linien der Philosophie des Rechts* (1821) verbindet. Denn dieser Zusammenhang führt von der Kritik der politischen Philosophie der Aufklärung zur Philosophie der Geschichte und damit verbunden vom Konflikt zwischen Naturrecht und Gewohnheitsrecht zur Erkenntnis des modernen Staats. Die im Verlauf dieser Seiten vorgenommenen Synthesen machen die Distanz bewußt, die das 19. Jahrhundert von der platonischen Staatstheorie (die der subjektiven Individualität keinen Platz einräumt), vom römischen Recht (das abstrakt bleibt), von der Theokratie wie von den Vertragstheorien trennt.

Mit Hegel nimmt das gesellschaftliche Dasein die reale Bedeutung einer die Freiheit aller organisierenden Architektonik an. Mit der Erhebung von Geschichte, Staat und Völkern zu würdigen Gegenständen der philosophischen Reflexion, zumal mit der noch tiefergehenden Analyse des Status der bereits von Rousseau und Kant aufgewerteten Praxis, bescheinigt Hegel, daß die politische Philosophie nicht der Unterstellung bedarf, alles beginne jedesmal neu mit ihr oder daß sich die politischen Angelegenheiten von Anfang an willentlich neu stiften ließen: der Staat existiert seit langem schon in unterschiedlichen Formen (griechische Polis, Römisches Reich usw.), wenn auch nicht im vollen Bewußtsein seiner Entwicklung (Sitten und Gebräuche usw.), die erst in der Gegenwart zu sich selbst kommt.

Diese kritische, unter Berufung auf die Geschichte (auf der Linie Montesquieus) vorgenommene Anspielung auf das Naturrecht und die Vertragstheorien eröffnet die Möglichkeit, die politische Frage – insbesondere die des Staats – neu in den Blick zu bekommen, ausgehend von einer veränderten Weise, den Begriff des Willens (der Wille ist kein reines Vermögen zu abstrakter Entscheidung, sondern die gesellschaftliche Wirksamkeit selbst) und die im Entstehen begriffenen »Sachen« (die Geschichte) zu behandeln: Der Staat ist weder eine Vertragsangelegenheit noch eine Frage der bloßen Sicherheit des Lebens und Eigentums (§ 258), sondern eine Sache von Bildung (Erziehung, Wissen und Handeln), von Momenten der Sittlichkeit, sukzessive eingeflößt vermittels der Familie, dann der Bedürfnisse im Rahmen der »bürgerlichen Gesellschaft«

durch den vernünftigen Willen zu einem höheren Ziel. Der Brennpunkt dieses Zwecks erstrahlt im »Patriotismus«, der – hier – den Namen für die Einheit der Disposition des politischen Geistes darstellt.

Immer wieder kommt Hegel darauf zurück – und wirkt so mit an der Arbeit an den Worten, die die neuzeitlichen Philosophen verfolgen –, daß der Begriff »Verfassung« ernst zu nehmen sei (§ 272). Zwar bezeichnet dieses Wort in bestimmten Staaten einen die Aktivitäten der Regierung festlegenden offiziellen Text; doch spezifiziert es sich auch und benennt dann die systematischen Beziehungen zwischen den Aktivitäten, mit denen sich die dynamische Architektur des Staats abzeichnet. Entscheidend in einer Philosophie des Staats ist in der Tat, daß die menschlichen Aktivitäten (Familie, bürgerliche Gesellschaft, Staatsbürgerschaft) sich organisch fügen und eine lebendige Einheit bilden aus privaten Verhältnissen und öffentlichen Verträgen (abstraktes Recht), aus sittlichem Verhalten und Handlungen (subjektive Moralität), aus Familien- und Berufsleben, einer Reihe politischer Institutionen (Sittlichkeit) und einer permanenten Konfrontation zwischen souveränen Staaten in Gestalt der Diplomatie und des Krieges (Weltgeschichte).

Über das Erfassen dieser organischen Einheit, des modernen Staats also, in diesem Werk hinaus darf nicht davor zurückgeschreckt werden, im Hegelschen Projekt die Perspektive der großen Erzählungen zu begreifen, jene (spekulativen oder symbolischen) Konstruktionen zur Beförderung eines Moments in der Genese des modernen Individuums und Staats unter der Perspektive einer herbeizuführenden Zukunft. Nun hat Hegel hinlänglich klargestellt, daß der neuzeitliche Mensch sich nur schwer des Staats bemächtigen kann, weil er sich zunächst dem Traum einer vollkommenen Gesellschaft, den romantischen Exzessen der »schönen Seele« anheimgibt, die den Lauf der Geschichte dem Guten, den Gefühlen einer im Individuum gegebenen Freiheit unterwerfen möchte.

Anders als diese den Gegensatz von Individuum und Staat profilierenden Verirrungen kann man sich der wirklichen Bedeutung der modernen Welt öffnen, wenn man der rigorosen

Beweisführung von der tatsächlichen Leistungskraft dieses Staats folgt, dem »Bild« und der »Wirklichkeit der Vernunft« (§ 360).

*Das positivistische Modell von Auguste Comte*

Doch die »große Saga« des Staats weist noch einen weiteren Aspekt auf, der sich aus einer quasi linearen Fortschrittsauffassung gewinnen läßt. Auguste Comte (1798-1857) ist denn auch nicht geneigt, den Positivismus auf eine erstarrte Wissenschaftsphilosophie zu reduzieren. Seine Doktrin beinhaltet eine Figur des Fortschritts (der positive Geist lenkt die Geschichte der Wissenschaften), in der Wissenschaft und Politik vereinigt sind. Politik wird bei Comte zu einer aus der positivistischen Konzeption von Wissenschaft abgeleiteten wissenschaftlichen Dimension (Übergang von der physikalischen Wissenschaft zur Sozialphysik): Politisches Handeln muß das Aussehen wissenschaftlichen Handelns annehmen, und Politik muß auf wissenschaftliche Weise untersucht werden.

In dem Maße zudem, wie eine derartige Religion der Wissenschaft und des Fortschritts der theoretischen Vernunft auf die Errichtung des gesellschaftlichen Vorrechts der Denkenden abzielt, werden die Politik und die Problematik des Staats bedeutsam, da durch sie dem Denker die Rolle eines Beraters und Kontrolleurs der staatlichen Sphäre zugewiesen werden kann. In Übereinstimmung mit der Desillusionierungsfunktion des Wissens und der Gleichung Wissen = Macht, die den Bezug auf Platon nicht verhehlen kann, erscheint die Wissenschaft in doppelter Weise als Mittel der Säkularisierung des menschlichen Denkens und als Mittel der Eintracht zwischen den Menschen und den Nationen (*Rede über den Geist des Positivismus*, 1844).

Mit dem Schock der Revolution, so erklärt Auguste Comte, beginnt ein innovatives soziales System. Es ist nicht von Anfang an stabil, und die Restaurationen zwingen, auf der Hut zu bleiben. Der Positivismus, eine dem eigenen Wunsch nach »soziale Doktrin«, bietet sich an, dieses Regime zu stärken, die diversen noch unentschiedenen Probleme einer Lösung zuzuführen, die letzten Barrieren aus dem Weg zu räumen, kurzum, den Geist des in Angriff genommenen Werks definitiv zu vollenden, allerdings auf dem Weg des ordnungsgemäßen Fortschritts. Er stellt eine moderne, republikanische Politik dar, die die Kritik an den vielfältigen Formen der Transzendenz (Gott, König) mit dem Beistand der positiven Vernunft verbindet.

Ist die Gesellschaftsordnung zur Sache aller geworden, seitdem die Revolution die Integration des Volkes in das gesellschaftliche Leben gefördert hat, setzt der Positivismus seine Kraft darein, das Bewußtsein, das die Gemeinschaft von sich selbst hat, von ihrer Vitalität und Wahrheit, zu schüren. Zu diesem Zweck wird die soziale Situation durch die Energie einiger bestimmter Menschen, nämlich der Gelehrten und Wissenschaftler, produktiv gemacht. Sich in den Dienst der Gesamtheit stellend, helfen sie bei der Minderung des gesellschaftlichen Drucks und Elends, indem sie eine »diktatorische Republik« errichten, die absolute Herrschaft des Gesetzes, sagen wir: einen »öffentlichen Dienst«, dessen Aufgabe darin besteht, die Einheit des Gesellschaftskörpers durch Planung der Ordnung, die den Fortschritt freisetzt, zu bestimmen.

In diesem Programm einer, wenn möglich, universellen friedlichen Gemeinschaft sind Unterschiede des sozialen Status nicht ausgeschlossen. Die positive Politik trägt bei zur Bestimmung eines »weisen Abfindens mit den Erfordernissen des Realen« (Analogie zum wissenschaftlichen Gesetz). Die bestehenden vier gesellschaftlichen Kräfte – die Philosophen (spekulative Klasse), die Frauen (affektive Klasse), die Kapitalinhaber (die patrizische Klasse), das Proletariat (plebejische Klasse) –, die im übrigen den vier menschlichen Fähigkeiten – Wissen, Lieben, Wollen, Können – entsprechen, werden aufrechterhalten gegen jene, die Auguste Comte Nivellierer nennt (Sozialisten und Kommunisten). Diese politische Philosophie rechtfertigt das Gebot der Bewahrung einer höheren Instanz, des Staats, der als Garant der Ordnung und vereinigende Institution die Handlungen der einen und der anderen organisiert und bei Bedarf unterdrückt, auf jeden Fall aber mit aller Macht der möglichen Wiederkehr von Revolutionen entgegenwirkt.

Indem diese politische Philosophie schließlich die Autorität der Gelehrten (Meister der Ordnung und der Einheit) bestätigt, wagt sie den Schritt, dem Begriff der (positiven) Religion wieder einen Sinn zu verleihen: Wenn (im Lateinischen) *religare* »verbinden«, »verknüpfen« bedeutet, dann weigert sich der Positivismus nicht, an die Stelle der Offenbarungsreligionen zu treten, durch Initiierung des Projekts eines großen Organismus, der fähig ist, das kollektive Leben (Sozialphysik) mit dem Universum in seiner (physikalischen) Gesamtheit, aus dem es hervorgeht, zu verbinden. Seine Werte: Liebe, Solidarität, mit einem Wort: der die Gemeinschaft belebende Altruismus. Eine solche Religion der Menschheit verwandelt den Positivismus in eine Lehre von der sozialen und politischen Versöhnung unter der Ägide der Ritter der Industrie. Ergänzt wird der moderne Staat durch die positivistische Kirche, die, Organ der Wahrheit und Moralität, die Regulierung des Gesellschaftskörpers dank der Inkorporierung der gesellschaftlichen Pflichten verheißt (*Positivistischer Katechismus*, 1852).

*Die Figur der Nation: Herder, Fichte, Renan*

Die Tatsache bleibt bestehen, daß die politisch-gesellschaftlichen Unruhen, mit denen das 19. Jahrhundert fortgesetzt ringt, immer wieder die Kluft zwischen den Prinzipien und der Realität oder in gewissen Hinsichten die Relativität der Prinzipien vergegenwärtigt. Angesichts dieser Unruhen (Revolution im gesamten Europa, Schwierigkeiten in Südamerika, Konflikte in Afrika) schreckt niemand die Behauptung, das zentrale politische Problem bleibe, was es per definitionem ist: das der Einheit, der Zusammensetzung des Ganzen, das dem Willen zu gemeinsamem Leben Sinn verleiht. Doch immer mehr Menschen beginnen die Wirksamkeit der bereits erprobten Modelle in Zweifel zu ziehen.

Ein Begriff, der seit der Zeit, da er den Königen zur Bezeichnung der Teile ihres Reichs diente, von Grund auf neu behandelt worden war, gewinnt an Kraft. Er krönt die Anstrengungen zum Nachweis einer neuartigen Bezeichnung der öffentlichen Macht und des Korpus der Staatsbürger. Es ist der Begriff Nation. Im Umkreis dieses Begriffs kommt es zu einer Art Wiederherstellung des Sakralen innerhalb des Kerns der neuzeitlichen Politik.

Bereits von Sieyès im Rahmen des revolutionären Frankreichs glorifiziert, verwandelt sich der Begriff sehr rasch und überall auf der Welt einerseits in ein Objekt der Verherrlichung und Begeisterung (der patriotische Schrei), andererseits in ein Motiv der Analyse oder Definition. Zur Schau gestellt in einer großen historisierenden Erzählung, zurückgeführt auf eine vorgängige ewige Identität (Mythos vom Gallier, Kelten, Germanen, vom italienischen Mittelalter), auf Sagen und Legenden oder eine ästhetische Emphase – ein Beispiel: am Arc de Triomphe in Paris zeigt die *La Marseillaise* genannte Gruppe des Skulpteurs François Rude die Freiwilligen des Jahres II in zerfetzten gallischen Kleidern – erfüllt der Begriff die Funktion eines auf Gefühlen basierenden Vereinigungsmoments. Für viele erscheint der wahre Souverän – in einem nicht originären Sinn in diesem Fall – in der Nation (definiert durch ein Zusammengehörigkeitsgefühl, eine Sprache, ein Territorium, eine Kultur), Objekt der Anziehung und Instrument der Tugend, Ehrfurcht und des Glaubens.

Unter so vielen Reden über die Nation, über jene Form, in die jedes Land sein Bild von Vollkommenheit projiziert (und das der anderen schmäht), begnügen sich die einen unter einem romantischen Impuls damit, sie zu einer bloßen ästhetischen Gestalt zu machen, während die anderen versuchen, sie im Schoß des modernen Staats zu belassen, dabei mit ihrer Bedeutungsschwere spielend.

Als der deutsche Romantiker Johann Gottfried Herder (1744–1803) seine Schrift *Auch eine Philosophie der Geschichte zur Bildung der Menschheit* (1774) veröffentlicht, weist er bereits den kontraktualistischen Rationalismus der Aufklärung zurück (abgehandelt als dünkelhafte Philosophie, da er den Willen über die politischen Angelegenheiten gebieten läßt) und erfaßt die

Wurzeln der Völker in einem ursprünglichen »Genius« und einer ursprünglichen »Seele«. Dieser Rückgriff auf die Nation, auf den besonderen Genius eines jeden Volkes, im Rahmen des »Deutschlands« der damaligen Zeit (Preußens unter Friedrich dem Großen) äußert sich allerdings noch unter dem Deckmantel einer Kritik an dem Staat, der ungeachtet seiner Anstrengungen eine große tote Maschine bleibt und die Gesamtheit des deutschen Volkes nicht an der Verwaltung der »Nation« teilhaben läßt.

Johann Gottlieb Fichte (1762–1814) wiederum verwendet zwar dasselbe Wort, aber geht anders vor. Gegen seinen Willen belegt er, daß die Philosophien der Nation nichts Homogenes aufweisen. Er versucht zu entwickeln, was man mit einem paradoxen Begriff als universalistischen Nationalismus bezeichnen könnte. In seinen 1807 in Berlin gehaltenen *Reden an die Deutsche Nation* unternimmt er es, das Prinzip der Nation mit einem republikanischen Ideal (verfolgt von der für ihn positiven Erinnerung an die Französische Revolution) zu versöhnen.

Ausgangspunkt ist die Niederlage Preußens, 1806, gegen die französischen Armeen. In dieser Niederlage erblickt er gleichsam eine Strafe für die der Philosophie der Aufklärung anzulastende Korruption. In der ersten Rede verweist er darauf, daß es die »Aufklärung des sinnlich berechnenden Verstandes« war, die die Religion wie all die anderen sittlichen Kräfte des Zusammenhalts des Volkes, wie Liebe, Ruhm und Nationalehre, zerstört hat. Die Aufklärung, so fährt Fichte fort, trägt seither die Verantwortung für das militärische Debakel. In Absetzung von dieser Philosophie ist es lebenswichtig, wieder begeisterungsfähig zu werden, nunmehr in Hinblick auf die Nation (8. Rede). Im Geist der Nation liest Fichte den Willen, hienieden auf Erden das Ewige zu verwirklichen. Und so ruft er die deutsche Nation auf, einen neuen Typ von Erziehung einzurichten, dessen große Züge er auch bereits in den Projekten des Pädagogen Pestalozzi vorgezeichnet sieht. Tatsächlich werden in den Hauptschriften des letzteren (um 1797) die Ziele der politischen Menschheit dargestellt, es ist der Zusammenhalt. Fichte zieht daraus den Gedanken, daß die Hoffnung in der Jugend ruhe.

Ohne hier auf die zahlreichen Zufälligkeiten der diversen Reden über die Nation – gehalten übrigens in philosophischen wie auch anderen Kreisen – im einzelnen einzugehen, wird doch deutlich, daß es die Sorge um den gesellschaftlichen Zusammenhalt, in dem allenthalben Risse zu beobachten sind, ist, aus der heraus auf das Konzept der Nation zurückgegriffen wird. Die Rede über die Nation gewinnt in dem Maße an Intensität, wie die soziale Einheit sich als zerbrechlich erweist und die Beziehungen zu den anderen Staaten immer spannungsreicher werden. Auf theoretischer Ebene lassen sich die vorherrschenden Optionen wie folgt zusammenfassen: Entweder wird die Nation unter ästhetischen Gesichtspunkten mit dem politischen Willen verknüpft, oder sie verschwimmt mit einer in einem Land und einer Sprache, in einem ursprünglichen Empfinden vorgegebenen Einheit.

In dieser zweipoligen Konstruktion verläuft die Trennlinie weniger als allgemein angenommen zwischen Deutschen und Franzosen. Vielmehr scheidet sie weitaus nachdrücklicher die Anhänger einer organischen Auffassung von Nation von den Anhängern – wie Ernest Renan (1832-1892) – einer voluntaristischen Auffassung (*Was ist eine Nation?*, 1884), in der die Nation als ein tagtägliches Plebiszit definiert ist.

*Die soziale Frage: Wirtschaft und Philosophie*

Welche Ereignisse, von innenpolitischen Aspekten aus gesehen, erleichtern den Rekurs auf den Grundsatz des nationalen Zusammenhalts? Hier taucht erneut eine zentrale Frage auf, die des Volkes. Aufklärung und Revolutionen haben sattsam das Bild eines vereinten demokratischen Volkes, abgestimmt auf die Herrschaft der einheitlichen Vernunft, genährt. Doch die Gerechtigkeit der Menschenrechte macht vor der statistischen Ordnung einer rechtlichen Gleichheit halt. Die Entdeckung der Lage einer leidenden Menschheit beschleunigt jenen Prozeß, in dem soziales Elend, sozialer Schmerz und soziale Verbitterung zu Objekten der Reflexion erhoben werden.

So entsteht die Herausforderung der »sozialen Frage«, in deren Kontext die soziale Situation der Individuen, der Gegensatz von Armen und Reichen in der industriellen Welt und die aus den Unterschieden der sozialen Klassen resultierende Ungerechtigkeit reflektiert werden. Die politische Philosophie hat sich, so heißt es nun, aus irregeleiteter Vernunft zu lange auf formale Fragen des Regierens oder der Gewaltenteilung konzentriert, letztlich sekundäre Fragen gegenüber jener der Form, die den gesellschaftlichen Verhältnissen durch die Struktur der Arbeit aufgezwungen wurde: Arbeit vs. Muße, arm vs. reich, Proletarier (altes lateinisches Wort, mit dem die letzte Gruppe des Plebs bezeichnet wurde) vs. Bourgeois (altes Wort aus dem Mittelalter).

Unter philosophischem Aspekt erweckt diese »soziale Frage« das Ideal der Befreiung der Menschheit zu neuem Leben, fordert sie auf, die Möglichkeit eines ewig gerechten Gemeinwesens von einem Prinzip aus zu denken. Lyrisch getönte Texte werden in diesem Zusammenhang geschrieben, die die Enttäuschungen zu überwinden suchen, die eine mit der durch die Aufklärung aufgeblähten Hoffnung nicht konforme Realität ausgelöst hat. Sie nehmen die durch die Revolutionen inspirierten Begeisterungen beim Wort und vergleichen sie mit den herrschenden Bedingungen der Not und des Elends. Die Fluten der Aufklärung haben sich in Ozeane der Illusionen verwandelt! Mit der Kühnheit und inneren Glut der Werke soll das Wirkliche korrigiert werden, unter Berufung auf Prinzipien, die auf die schiefe Bahn geraten sind, um die von ihrem Weg abgekommene gerade Linie wiederherzustellen.

Die ersten »Sozialisten« – so ihre Bezeichnung nach einem von Pierre Leroux 1832 in Umlauf gebrachten Neologismus, mit dem eine Trennlinie zwischen Sozialismus und liberalem Individualismus gezogen werden soll – brennen darauf, die »soziale Frage« zur wahren politischen Frage zu erheben, zum Kern der menschlichen Freiheit, ist die Einheit des Gesellschaftskörper doch unter den gegebenen Bedingungen deutlich sichtbar von Auflösung bedroht.

Die soziale Frage – und die der Verwerfungen im Gesellschaftskörper – zieht eine Vielzahl von Debatten nach sich über die Fürsorge für die Armen, eine Erbschaft des Ancien régime und direkt an die Wohltätigkeit und Nächstenliebe geknüpft. Im Zusammenhang mit dem Vokabular der Solidarität gewinnt der Fürsorgegedanke ein neues Gewicht. »Fürsorge« entzieht sich dem Mitleid. Als eine Pflicht angesehen, gilt sie jetzt als die Gerechtigkeit selbst. Doch um sie konkret werden zu lassen, sind reflektierte, redistributive, auf das öffentliche Interesse hin wirkende politische Maßnahmen notwendig.

Während des ganzen Jahrhunderts hin- und hergerissen zwischen den Gedanken von Cabanis und Frédéric Le Play (1806–1882), dem Soziologen und Sozialökonomen, versuchen die Sozialreformer die Zusammenhänge zwischen Elend und Arbeit bzw. fehlender Arbeit aufzudecken. Zwar erscheint es legitim, allen Arbeit zu geben; aber muß dies durch die soziale Organisation der Arbeit aufgezwungen werden? Sollte ein Recht auf Arbeit gesetzlich festgeschrieben werden? Soll verfassungsmäßig anerkannt werden, daß die armen Staatsbürger Recht auf Unterstützung haben? Worum es in diesen Debatten letztlich geht, ist die Verankerung der Arbeit im Gesellschaftsvertrag. Staatsbürgerschaft stellt nicht die einzige Form dar, in der Gleichheit denkbar ist. Das Recht eines jeden Mitglieds der Gesellschaft, in den Genuß der Vorteile der Vereinigung und des durch sie gewährten Schutzes zu kommen, scheint eine unverzichtbare Ergänzung.

Derartige Gedankengänge vollziehen sich an den Nahtstellen zwischen Philosophie, Ökonomie und Staat. Im Verlauf des 19. Jahrhunderts tritt der entscheidende Einfluß der Ökonomisten zutage. Weder David Ricardo (1772–1823) noch Jean-Charles-Léonard Sismondi (1773–1842) oder Jean-Babtiste Say (1762–1832) bleiben der wechselseitige Zusammenhang zwischen Wirtschaft, bürgerlicher Gesellschaft und »Massenarmut« verborgen.

*Der romantische Sozialismus: Saint-Simon, Fourier*

Bereits zu Beginn des Jahrhunderts hatte der Comte de Saint-Simon (1760–1825) eine Theorie mit der Autorität seines Namens belegt: die Theorie des *Industriesystems* (1821), deren Mission es sein sollte, der Welt das geistige Band zu liefern, das den Menschen die Einheit der Welt und der Menschheit bewußtmachen würde. Getrieben von einem von der *Encyclopédie* vererbten Ideal von Wissen, das sich in einer Vision vom fortschrittlichen Verlauf der Menschheit äußert, postuliert der Autor, daß die Industriegesellschaft – letzte historische Realität und endgültiges System der Menschheit – die Fähigkeit freisetze, das Gemeinwesen wissenschaftlich zu regieren.

Die Politik wird zu einer Wissenschaft von der Organisation der Produktion, der Verwaltung von Sachen (Handeln des Menschen gegenüber den Sachen) und nicht mehr Zwang gegenüber den oder Kommando über die Menschen (Handeln des Menschen gegenüber dem Menschen). Sie entspringt der von allen gewollten industriellen Vereinigung, richtet den Willen weg von der Beherrschung des anderen Menschen und hin zur Beherrschung der Natur durch Arbeit, etabliert die Regierung der Wissenschaftler (versammelt in einem Newton-Rat), der Künstler und Industriellen in Gestalt eines Aufklärungsrats. Grundsatz der Politik ist die Befriedigung der Bedürfnisse aller sowie die Vervollkommnung der wissenschaftlich verwalteten Gesellschaftsordnung.

Man beginnt zu erkennen, daß es der nachdrückliche Bezug auf Arbeit und Produktion ist, der die sozialistischen Philosophien von den liberalen Philosophien scheidet. Bis schließlich auch die »zahlenmäßig größte Klasse«, das Proletariat, als bislang unbekanntes Mitglied in der industriellen Vereinigung figuriert, die von Saint-Simon auf den europäischen Rahmen ausgedehnt wird (freilich eines die sterilen Nationalismen überwindenden Europas). Weit über Saint-Simon hinaus stellt der entstehende Sozialismus darin seine doppelte Originalität dar: er erhebt die Politik zu einem Modell gesellschaftlicher Leitung und Verwaltung und prognostiziert eine unmittelbar beschreibbare (und zugängliche) Zukunft, die einer in Harmonie wiederhergestellten Gemeinschaft. Was paradoxerweise zu einer Renaissance von Platon führt (ohne daß er deshalb gelesen würde), wird er doch als Vater des »Kommunismus« eingeführt, dieser Urfigur der Theorie der Güterteilung und der Gleichheit von Mann und Frau.

Ob als »romantischer« oder »utopischer« tituliert, dieser Sozialismus triumphiert in vielerlei Punkten: Er bringt in der Philosophie wie in der Politik bislang unterdrückte Stimmen zu Gehör; hat wesentlich teil an der Herausbildung eines Klassenbewußtseins der Arbeiterklasse; wirft die Frage des Gesellschaftskörpers unter dem Gesichtspunkt der Arbeit und des Willens zur Zerschlagung des Herr-Knecht-Verhältnisses auf; reflektiert über die Industrie und die Maschine. Dennoch postuliert er das Prinzip der menschlichen Emanzipation auf der Grundlage der bestehenden sozialen Stellungen, deren Harmonie er, wenn auch kritisch, predigt.

Manchmal nimmt er die Form von Modellexperimenten universeller Politiken an (Idealgemeinschaft oder Modellunternehmen?, aber auch Städteprojekte): Robert Owen (1771–1858), Fabrikdirektor (1800), gründet in seinem Unternehmen eine »neuartige moralische Welt« (*New Lanark* in England, *New Harmony* in den USA); Jean-Baptiste Godin (1817–1888), Besitzer einer Fabrik in Saint-Quentin (Oise), baut für seine Arbeiter ein Familistère (1859).

Manchmal setzt er sich fort in einer umfassenden Theorie des harmonischen industriellen gesellschaftlichen Bandes, zu deren Verkünder sich Charles Fourier (1772–1837) in seinem Werk über die soziale und politische Organisation der Welt in Phalanstères (Plan, Verteilung, Geometrie, methodisches Ornament) macht: *Theorie der vier Bewegungen und der allgemeinen Bestimmungen* (1808). Er bietet der Gesellschaft eine Vision des gesellschaftlichen Zusammenhangs, der durch das Prinzip einer Einheit des Bewegungssystems für die materielle (Mathematik) und die geistige Welt (Serie der Anziehungen) strukturiert wird. Analoge Formeln der Anziehung (Newton) organisieren die materiellen, organischen, tierischen und sozialen Bewegungen. Daraus folgt, daß mit einer unveränderlichen Methode, von einer sicheren Wissenschaft der Kombination aus entwickelt, die Organisation einer harmonischen Welt (eine »sozietäre Ordnung«) anvisiert werden kann, die über die Zersplitterung durch »leidenschaftliche Anziehung« triumphiert: Zusammenlegung der Aktivitäten, Ausgaben, der Kindererziehung usw.

Kein Zweifel, daß dieser Traum einer spezifischen gesellschaftlichen Organisation unzureichend ist, um die »soziale Frage« in ihrer ganzen Breite aufzuwerfen. Dies nicht, weil er eine gesellschaftliche Fiktion zum Ausdruck bringt (diese ist vielmehr notwendig für kritische Projekte), sondern weil er sich noch immer aus einem einzigen Reformprinzip (Vervollkommnung der menschlichen Natur) herleitet. Er gründet immer noch in dem Bedürfnis, eine perfekte Gesellschaftsform zu schaffen, die in einem von der Natur in die menschliche Gattung niedergelegten Einheitsgefühl wurzelt. Auf alle Fälle jedoch ist es auch sein Verdienst, das allgemeine Stimmrecht verteidigt zu haben, ein Verfechter der Pressefreiheit, der Bildung von Gewerkschaften, der Trennung von Kirche und Staat, der Unabhängigkeit der Justiz und des Unterrichtswesens, der Emanzipation der Frau, der Abschaffung der Sklaverei und der Todesstrafe und ein Verfechter Europas gewesen zu sein.

*Der Sinn für die Praxis bei Proudhon und Marx*

Dennoch müssen erst noch die politischen Philosophien von Pierre-Joseph Proudhon (1809–1865) und Karl Marx (1818–1883) entstehen, damit sich die ganz neuen Akzente einer an der Erkenntnis von Realität festgemachten »Arbeiterdemokratie« formulieren. Das geht natürlich nicht ab ohne grundlegende Umarbeitung der geistigen Errungenschaften des Sozialismus und nicht ohne einen heftigen Konflikt.

Mag Proudhon auch für einen Satz weithin bekannt sein: »Eigentum ist Diebstahl« (*Was ist das Eigentum?*, 1840), so droht das doch auch seine politische Philosophie unzulässig zu verkürzen. Deren Schlüssel findet sich in seinem Werk *System der ökonomischen Widersprüche* (1846), in dem die »soziale Frage« gleichsam als ein Krieg zwischen Kapital und Arbeit hörbar wird. Dieser Text, mit dem Untertitel *Philosophie des Elends*, zieht denn auch die berühmte Antwort von Marx auf sich: *Das Elend der Philosophie* (1847), die sich auf einen stets gegen jeden Idealismus eingeklagten philosophischen Materialismus stützt. Und hier wurzelt das klassisch gewordene Problem: Proudhon oder Marx, Anarchismus oder Marxismus?

Hier ist nicht der Augenblick, den eingehenden ökonomischen Überlegungen dieser im höchsten Maße informativen und begrifflich ausgearbeiteten Werke im einzelnen nachzugehen (Gegensatz Elend-Proletariat, Reichtum-Wert, Korporation-Gewerkschaft usw.), noch weniger der Ort, die Unterschiede der Begriffe nachzuzeichnen (Anarchie, Marxismus), die sowohl jeweils andere Arten bezeichnen, aktiv zu werden (Begriffe, die jede Seite gegen die andere verwendet: so Anarchie, ein positiver Terminus bei dem einen, in seiner etymologischen Bedeutung belassen bei dem anderen), als auch aus einem bestimmten Gegensatz und dem Verhältnis zwischen Realität und Imaginärem, das dieser abdeckt, zu bestimmten philosophischen Einsichten zu kommen. Denn diesen Darlegungen bleiben zwei Punkte gemeinsam:

– erstens, daß die Praxis nicht auf die Ausübung eines reinen Willens (Ergebnis einer reinen Erkenntnis) zu verkürzen ist, da sie selbst Erkenntnis wird, erforderlich gemacht durch die Produktion, deren Gesetzmäßigkeit es zu verstehen gilt (Realität);

– zweitens, daß die Lenkung der Menschen zu ersetzen ist durch die Verwaltung der Sachen (Imaginäres).

Dies sind die Einsätze, darin wird sichtbar, daß diese Arbeiten jene Epoche einläuten, in der es weniger wichtig ist, die abstrakten Organisationsprinzipien einer neuen Welt zu postulieren als den Sinn der Praxis der Menschen zu konstruieren. Der philosophische Sinn der Widersprüche, die das Neue erzeugen, indem sie die soziale Bewegung strukturieren, nährt sich aus den Quellen der lebendigen Geschichte. Auch wenn diese

Darstellungen sehr schnell und zu ihrem eigenen Schaden für erstarrte Dogmen gehalten worden sind.

*Politik und Geschichte bei Marx*

Nachdem sie das Feld einer möglichen neuen politischen Philosophie abgesteckt haben, einer Philosophie, die von den Privilegien abrückt, die dem Recht im modernen Staat zuerkannt werden, die die vorgebliche Transparenz einer zweifelsfrei kapitalistischen Gesellschaft als Schein aufdeckt, die Bezugnahme auf Wesenheiten (Freiheit, Mensch, Staat) für nichtig erklärt, identifizieren Proudhon und Marx in ihrem Gegensatz nicht ipso facto die Philosophie mit der Befreiung oder Emanzipation des Menschen. Es ist nicht Aufgabe der Philosophie, die gesellschaftliche Entfremdung oder Ausbeutung aufzuheben, noch weniger, die sozialen und politischen Probleme in der Formel eines vereinheitlichenden Staats (nach Art Hegels) zu lösen; dies kommt vielmehr der – mit einer ihr motorische und organisatorische Einheit verleihenden Philosophie versehen – revolutionären Praxis zu, da nur sie die bestehende gesellschaftliche Ordnung abschafft. Mit anderen Worten, die wichtigste Frage innerhalb dieser Debatte bleibt die des Verhältnisses von Theorie und Praxis, die lange Zeit ignoriert worden war oder durch den behaupteten Primat der Theorie gegenüber der Praxis vorab »gelöst« schien.

Doch die Auseinandersetzung endet nicht an diesem Punkt, sie flammt erneut auf, wenn es zu erklären gilt, wie der »Himmel« der Politik dieses Emanzipationsverlangen erhört. Da wo Proudhon die »föderalistischen« Wege (Mutualismus) zum Erreichen einer anarchistischen Gesellschaft aufzeigt – Verlängerung der Vereinigungsinitiativen der Arbeiter –, da beruft sich Marx zunächst einmal auf die philosophisch-politische Sprache der Dialektik (Wert des Widerspruchs). Diese vollzieht die Umwandlung des Emanzipationswillens in eine Geschichtstheorie. Das innere Band zwischen der politischen Dialektik und der Geschichte verdichtet sich in der Konstruktion eines

Horizonts des politischen Handelns: der klassenlosen Gesellschaft. Doch behalten wir in diesem Zusammenhang im Gedächtnis, daß Marx sich wohlweislich hütet, die Verwirklichung einer solchen Gesellschaft im einzelnen vorauszusagen. Die »klassenlose Gesellschaft« entspricht weder dem Vorbild einer »guten Gesellschaft« noch einer gegebenen Zukunft. Der Ausdruck beschreibt genauer den Sinn des Handelns, das innerhalb einer konflikthaften Situationen unternommen wird. Die »klassenlose Gesellschaft« trägt bei zur Definition des Motivs eines aktuellen Kampfes. Indem diese politische Philosophie der Politik eine Perspektive vorgibt, verleiht sie dem neuen Subjekt der Geschichte (dem Proletariat) sowie der Organisation, mit dem dieses sich ausstattet, Gewicht: als Verkörperung des neuen Universellen, nicht in seinem Sein, sondern in seinem »Kommen«.

Auf dieser Ebene stellt Marx einen inneren Zusammenhang her zwischen politischer Praxis, Geschichte und utopischem Horizont (klassenlose Gesellschaft). Dieser gedankliche Rahmen manifestiert sich sehr früh schon in einer ungemein kritischen Darstellung der Rechtsphilosophie. Nun ist der Frage der Menschenrechte sicher zugute zu halten, daß sie über das gesamte Jahrhundert hinweg aufgeworfen wird und jeden Philosophen mehr oder minder stark betrifft. Rasch in den Status von sakralen Objekten erhoben, fallen diese Rechte jedoch bald auch unter den Einflußbereich der sozialen Frage. Und es ist Marx, der gegen diese Rechte die härtesten Attacken führt (*Zur Judenfrage*, 1843). Attacken, mit denen das Proletariat innerhalb der Philosophie dadurch eine neue Sichtbarkeit gewinnt, daß sie das Porträt des Menschen als Bourgeois und Eigentümer anprangern, der diese Rechte festlegt. Marxens Philosophie hat es denn auch nicht nötig, einer Philosophie zu ähneln, von der nur ein kleiner Teil der Politik gewidmet ist: sie begreift sich von Beginn an als politische Philosophie (*Die deutsche Ideologie*, 1845), als eine Philosophie der Praxis, in der das Proletariat, ein sich von seiner Vormundschaft befreiendes Handlungssubjekt, als Negationsprinzip fungiert, das immer wieder den Emanzipationsprozeß antreibt.

Anarchismus oder Kommunismus? Wie auch immer, dem 20. Jahrhundert wird eine Debatte hinterlassen, die insoweit nicht vergeblich war, als sie um den Gedanken kreiste, daß jede bestehende Macht die Tendenz aufweist, die historischen Gesetzmäßigkeiten ihrer Errichtung und ihres Fortbestandes als ewige Gesetze der Natur auszugeben. Diese Debatte ist nicht ohne Folgen geblieben. Sie lassen sich detailliert in den Werken der Schüler und Anhänger ausmachen (lagen diese auch in »nationalem« Konflikt: deutschfeindlich, russenfeindlich usw.): der Russe Michael Bakunin (1814–1876, *Staat und Anarchie*, 1873) z.B. auf seiten Proudhons, der Italiener Benedetto Croce (1866–1952, *Historischer Materialismus und marxistische Ökonomie*, 1900) auf seiten von Marx, um statt direkter Zeitgenossen entferntere Auswirkungen der Thesen dieser Debatte zu nennen.

*Die Geburt der Sozialwissenschaften*

Mit dem modernen Staat bildet sich, im ganzen gesehen, in der sozialen und politischen Welt ein öffentlicher Raum aus, der sich rasch als zu beschränkt erweist. In seinem Innern aber folgen die politischen Philosophien nicht linear aufeinander, sondern äußern sich im Umkreis des markanten Themas der Gesellschaft und deren Verhältnis zum liberalen Individualismus oder zur Ausbildung eines Klassenbewußtseins. Sie spalten sich sogar auf. Denn jede von ihnen spürt, daß sie nicht vergessen darf, daß sich neben der rational definierten Öffentlichkeit eine populäre Öffentlichkeit, das »Parlament des Volkes« (Kaffeehäuser und andere Versammlungssäle), entwickelt, in der das Wort sich ohne Hierarchie und Kontrolle äußert, ohne Gedanken daran, eine Revolution zu vollenden, die nicht die seine war.

Dem Ideal einer Nation aus unabhängigen und gleichen Kleinbesitzern stehen die Fluktuationen gesellschaftlicher Kräfte gegenüber, die entweder nach einer breiteren Demokratisierung der Gesellschaft (Reformismus) oder nach radikaler Veränderung der sozialen Verhältnisse (Revolution) rufen. Im Wechselspiel dieser Gegensätze trägt ein wichtiger Bereich der politischen Philosophie des 20. Jahrhunderts zur Entwicklung und Verstärkung zentraler Elemente einer Kultur des Widerstands bei, die gewoben ist aus philosophischen Bezügen (dem Materialismus, der Hegelschen Dialektik, der politischen Ökonomie) und Erfahrungsmomenten, die findig einem »Volk« zugeschrieben werden, das sich jetzt, da es zum Subjekt seiner eigenen Geschichte geworden ist, nicht mehr mit dem dritten Stand identifiziert.

Die philosophischen Formeln und anderen damit verbundenen Losungen gehören zu jener von der politischen Philosophie während der Etablierungs- und Festigungsperiode des modernen Staats gezogenen Furche und attestieren spezifische Kanalisierungsnetze des politischen Worts, Repräsentationseinrichtungen der sozialen Körperschaften, immer wirksamere Machtinstanzen und Behörden; die Idee der »Nation« erheben sie schließlich zu einem ästhetischen Prinzip des Zusammenhalts und der Unsterblichkeit, mit dem die zeitweilig außer Kraft gesetzten religiösen Fiktionen wirkungsvoll ersetzt werden sollen. Je nach den Kräften, die sich ihrer bemächtigen, ist auch ihre Ausstrahlung mehr oder minder stark.

Jenseits dieser Überlegungen ist festzustellen, daß die politischen Philosophien in die Sogwirkung von Arbeiten geraten, deren Einfluß unaufhörlich wächst: ethnologische Arbeiten – deren Gegenstand die »unterschiedlichen« (Franz Boas, *Das Geschöpf des sechsten Tages*, 1911), häufig kolonisierten Gesellschaften sind –, soziologische Arbeiten – deren vorrangiger Gegenstand die Angst vor dem anderen innerhalb der europäischen Gesellschaften (dem Proletariat), dann die Stabilität der Gesellschaftsstrukturen ist (Émile Durkheim, *Über soziale Arbeitsteilung*, 1896; Gustave Le Bon, *Die Psychologie der Massen*, 1895). Die unter diesen Titeln veröffentlichten Werke erneuern die Engagements der Vertreter der politischen Philosophie in Reflexionen über die gesellschaftlichen Systeme, Stadt und Urbanisierung, die sozialen Vermittlungsinstanzen, den Staat, und insbesondere in Reflexionen gegen die Rassismen, die verstärkt zutage treten, gestützt auf biologisch argumentierende Texte (zweideutig für einige: Arthur de Gobineau, *Versuch über die*

*Ungleichheit der Menschenrassen*, 1855; weniger zweideutig für andere: Herbert Spencer, *Der Mensch gegen den Staat*, 1884). Sie weiten die Analyse der politischen Frage auf weitere neue Gegenstände aus (die Manipulation der Massen, die sozialen Vermittlungsinstanzen, Kultur und Gesellschaft, Sprache und Macht usw.).

## Die Erosion des Politischen im 20. Jahrhundert

Was das noch unabgeschlossene 20. Jahrhundert mehr als alles andere fürchten läßt, das ist die Usurpation, die daran mitwirkt, die Stimmen der Beherrschten, Zerbrechlichen zum Ersticken zu bringen. Zwar wird die Begeisterung, die die erste Hälfte des Jahrhunderts prägt, noch von den philosophischen Großerzählungen des 19. Jahrhunderts gestützt, doch weichen die Formeln radikaler Hoffnung, die Bilder einer endgültig befreiten Menschheit (Ernst Bloch, *Geist der Utopie*, 1918) sehr rasch der Analyse der für dieses Jahrhundert charakteristischen Autoritäts- und Vernichtungssysteme. An ihrem Ende (aber nicht »ihretwegen«) sind die Schreie der Opfer noch unüberhörbarer geworden und zwingen die Philosophen, die Politik als etwas zu denken, das mit dem Feld der Macht und Staatsgewalt nicht deckungsgleich ist.

Für das 20. Jahrhundert stellt der Korpus der früheren politischen Philosophie eine (intellektuelle) Erbschaft ohne Testament dar, in deren Rahmen dem Philosophen mehrere Orientierungen erlaubt bleiben; mit seiner Rolle als Heroen, der die Welt rettet, ist es allerdings vorbei. Dieses Erbe enthält Kategorien, die unaufhörlich der Befragung durch Ereignisse unterliegen, die abrupt eintreten und die komplette Revision des analytischen Instrumentariums erzwingen. Die dabei ausgelösten Polemiken belegen, daß die in der Vergangenheit erarbeiteten Konzepte Legitimität weder an sich noch für die gegenwärtigen intellektuellen Aktivitäten besitzen. Dennoch: diese Erbschaft gibt es. Wenn die Vorstellung ewig dauernder Begriffe auch nicht mehr glaubwürdig ist – die relevantesten bleiben an eine bestimmte Problematik gebunden –, so kann man sich doch immer noch auf sie beziehen, um den Abstand zu ihnen zu ermessen und das sich aktuell Vollziehende besser zu verstehen.

Beim Wiederlesen der seit dem Ersten Weltkrieg veröffentlichten Werke offenbart sich im übrigen die schleichende Erosion des Status des politischen Handelns und der Auffassung des Subjekts der Politik. Diese Erosion berührt aber nicht nur die Philosophie. Die Bürger interessieren sich immer weniger für die politische Dimension des Gemeinwesens. Die Politiker wiederum verwandeln Politik in bloße Verwaltung und Management. Der Gedanke an die sozialen Verhältnisse und die genuin politische Ordnung – seit dem Eintritt in die Ära der Demokratie ohne äußerliche Normen und bürgende Autoritäten sich selbst überlassen – wird um so schwächer, je mehr sich das Bewußtsein auflöst, Geschichte durch die und in der Politik zu vollziehen.

Das Volk, Zentrum dieser modernen Demokratie, wandelt sich zu einem Publikum, das im günstigsten Fall Informationen aufnimmt. Die Bürger kommunizieren nunmehr im Zusammenhang eines gesellschaftlichen Daseins, in dem die urbane (geometrische) Nähe häufig das einzige Band darstellt und dessen gemeinsame kulturelle Bezüge durch die Medien oder die elektronische Beherrschung (Internet) und damit fehlender Auseinandersetzungen von Atrophie bedroht bleiben.

*Die Völker im Angesicht des Friedens und der Kriege*

Scheint der Anfang dieses Jahrhunderts noch zum Aufschwung der politischen Prognosen des 19. Jahrhunderts beizutragen – und der sich durchsetzende Marxismus in Rußland zu einem erneuten Blick auf die Frage der Revolution –, so ist es der Krieg (jeder einzelne im Verlauf dieses Jahrhunderts, bis hin zu den Mutmaßungen eines Atomkriegs), der einen merklichen Wandel in den Diskurssystemen in bezug auf Politik, Recht und Volk auslöst. Bis dahin war der moderne Krieg als »offenkundiger« Kontrapunkt zum (den Frieden definierenden) Recht reflektiert worden. Nun werden ihm andere Merkmale zuerkannt: Krieg und Politik werden, ungeachtet der unterschiedlichen Mittel, mit Prozessen gleichgesetzt, dank deren die Völker sich zu befreien lernen. Der Krieg bringt neue politische Anschauungen hervor.

Der in Europa seit Anfang des Jahrhunderts ständig wachsende sozialistisch-revolutionäre Pazifismus zeugt von diesem Wandel. Er nährt sich aus vielfältigen Quellen: bestimmten Thesen von Marx, diversen Sozialismen des 19. Jahrhunderts, dem Anarcho-Syndikalismus und einem bestimmten humanitären oder romantischen Pazifismus. Seinen vollen Ausdruck findet er Mitte des Ersten Weltkriegs. In einem Manifest ruft Leo Trotzki (1879-1940) zu einer Mobilisierung für den Frieden auf: »Wir bekräftigen, daß dieser Krieg nicht unser Krieg ist.« In einem zweiten Manifest, gerichtet an die »Proletarier Europas«, erklärt er, daß die Schuld für den Krieg der Kapitalismus trägt, mit den Unternehmerorganisationen, der kapitalistischen Presse und der Kirche. Zugleich wendet er die Mobilisierung für den Frieden in den Aufruf zur Machtergreifung durch das Volk der Proletarier.

Aus der Philosophie löst sich in der Folge eine pazifistisch getönte Sicht der Welt, die den polemischen Auseinandersetzungen um den Krieg bis in unsere Tage Stoff liefert. Der philosophische Radikalismus schöpft aus dem humanistischen Rationalismus einen Pazifismus, der durchaus seine Blütezeit hatte. Legalistisch eingestellt, geißelt er die Leidenschaften der Menschen, ihren Hang zu Reichtum und ihren Hunger nach Macht. Der Krieg, so stellt er klar, bleibt Produkt der dumpfen Unterdrückung durch die Staatsgewalten. In der Folge wandelt er sich zu einer politischen Philosophie, der zufolge das Volk bestrebt sein muß, die Kontrolle über die Machtinstanzen, deren es beraubt ist, zu gewinnen. Die Demokratie sanktioniert auf diese Weise die Anstrengung der Völker, die sich gegen den Mißbrauch der Macht erheben. Diese zweite, nicht-revolutionäre Version des Pazifismus findet einen ihrer Verteidiger im Philosophen Alain (Pseudonym von Émile Chartier, 1868-1951, *Elemente einer radikalen Lehre* [1925] und vor allem *Mars oder der gerichtete Krieg* [1921]) und ihre Verdichtung in dem zur Freiheit des Geistes gekommenen Menschen.

Diesen Philosophien – die sich bald Unterstützung aus den Humanwissenschaften holen: In seiner Schrift *Das Unbehagen in der Kultur* (1929) belegt Sigmund Freud in der Tat die

Unaufhebbarkeit der zwischenmenschlichen Konflikte, so wie Claude Lévi-Strauss später in den *Traurigen Tropen* (1953) zur Korrektur der Theorien politischer Zustimmung veranlaßt – gelten folglich Politik und Krieg als ineinander verwurzelt. Doch droht dies nicht in die Auflösung der Politik zu münden?

Hat der Marxismus, Erbe der im 19. Jahrhundert entwickelten sozialen Frage, kaum Schwierigkeiten, das Thema des gesellschaftlichen Kampfes und das des Befreiungskampfes wechselseitig ineinander zu verkehren, so werden von einigen Philosophen die ersten daraus sich ergebenden Gefahrenmomente durchaus lebhaft verspürt. Einige, die gleichwohl Marxisten bleiben, beginnen der am Krieg orientierten Zusammensetzung einer Theorie zu mißtrauen, die sich der Verherrlichung einer Wahrheit widmen soll, die durch eine im Namen des Volkes an die Macht gelangte Partei diktiert wird. Karl Korsch (1896–1961) wird mit dem Stalinschen Imperativ der Identifizierung von Volk und Macht der Partei brechen (*Marxismus und Philosophie*, 1923). Georg Lukács (1885–1971) stellt dem das Heilmittel eines nie abschließbaren Klassenbewußtseins entgegen (*Geschichte und Klassenbewußtsein*, 1921). Was nicht hindert, daß sehr viel später, dank des Martiniquesen Frantz Fanon (1925–1962), ein anderer Marxismus sich in dem seit Ende des Zweiten Weltkriegs wieder aufflammenden Kampf der Kolonialvölker erneut eine Rolle zuweist (*Die Verdammten der Erde*, 1961).

Während des gesamten Jahrhunderts ist eine zentrale Frage – die das Feld der politischen Philosophie des 20. Jahrhunderts um eine Vielzahl von Widersprüchen herum strukturiert –, was dieses Volk, das einer Reihe von politischen Theorien als normative Instanz dient und die Basis für die Mobilisierungen dieses Jahrhunderts bildet, eigentlich darstellt. Deutlich sichtbar ist, daß je nach der Realität – dem in der Konfrontation der Bürger gleichermaßen verankerten modernen Prozeß der Individuierung und dem politischen Verhältnis – und je nach den Vorstellungen, die man sich davon macht, die philosophischen und politischen Schlußfolgerungen divergieren. In »Massen« verwandelt, kann das bereits den Richtschnuren der Nation unterworfene Volk schließlich völlig zugunsten der Massenorganisationen ausgelöscht werden. Es kann auch förmlich in die Unterwerfung getrieben werden (Elias Canetti, *Masse und Macht*, 1960). Dergestalt zur »Masse« umgestaltet, kann es den Geschikken der »Massendemokratie« leitend vorangehen, freilich auf das Risiko hin, vermittels der Massenmedien manipuliert zu werden (Hannah Arendt, *Kultur und Politik*, 1959). Einem Publikum gleichgesetzt, wird es nahezu Zuschauer einer Geschichte, deren Subjekt und Thema niemand mehr klar erkennt.

*Das Begreifen der totalitären Staaten: die Frankfurter Schule*

Zweifellos haben die totalitären Staaten und deren sie fundierende politische Philosophien weithin beigetragen zur Disqualifizierung der Rolle des Volkes in der Politik – aber war es denn überhaupt ein einheitliches? –, indem sie die Vorstellung durchsetzten, wonach die Partei als einzige über die legitimen Ziele und Zwecke des Gemeinwesens Bescheid weiß. Umgekehrt kann denn auch eine antitotalitäre politische Philosophie nicht umhin, über die Herausbildung und Form dieser Staaten, über die Existenz einer gemeinsamen Welt als Voraussetzung eines lebendigen Gemeinwesens und über die wesentliche Stellung des Volkes innerhalb der Politik zu reflektieren.

Aus unterschiedlichen Gründen – was denn auch in der Folge verhindert, den Vergleich zwischen den verschiedenen totalitären Staaten fortzusetzen – haben letztere das (kraft seiner Taten geschaffene) Volk umgangen, haben ihm am Ende das eigene Handeln verboten, seinen Anteil an den Bestrebungen verleugnet, wenn sie nicht sogar so weit gegangen sind und alle Zukunft dadurch gleichsam abschafften, daß sie das gegenwärtige Dasein als in der bestehenden Staatspartei verwirklichte gesellschaftliche Harmonie proklamierten. Auf diese Weise wollten sie die Widersprüche der Moderne tilgen: auf Einheit abzielen und zugleich das Prinzip eines aus Differenz, Meinungsverschiedenheit gesponnenen gesellschaftlichen Lebens postulieren. Deshalb war die Fiktion des einen und sich selbst transparenten Volkes wirksam nur aufrechtzuerhalten um den

Preis von Ausschluß und Vernichtung jenseits realer Fehler oder Vergehen.

Die erste Lehre, die aus der Prüfung dieser Regime zu ziehen ist, führt unweigerlich zurück auf die Ebene der Philosophie. Konzentrationslager, Vernichtungslager, Massaker und Folter: diese unter dem Titel »Revolutionen« des 20. Jahrhunderts vernebelten Handlungsweisen dürfen nicht dem reinen Klagen und Bedauern überlassen werden. Noch das Schlimmste, nicht zu Rechtfertigende, noch die offenbare Irrationalität (Gefahr, Angst, Barbarei, Katastrophe) bleiben dem Denken zugänglich (Walter Benjamin, 1892–1940, *Geschichtsphilosophische Thesen*, 1939). Die politische Philosophie weicht nicht der Tröstung, wie sie auch das Böse nicht aus dem Tod Gottes deduzieren kann oder auf das Mysterium eines radikal Bösen rekurrieren muß (Simone Weil, 1909–1943, *Schriften zur Geschichte und Politik*, 1937), um die Ursprünge dieser Phänomene aufzudecken.

Die Erarbeitung des Begriffs des »Totalitarismus« zeugt mithin vom Verstehenwollen. Um die Tragweite dieses Phänomens zu erfassen, beziehen wir uns auf das entsprechende Werk der Philosophin Hannah Arendt (1906–1975), *Elemente und Ursprünge totaler Herrschaft* (1951). Es versucht die Genese dieser Staatsform, der sie verstärkenden Einheitsideologie zu erfassen, indem es die grenzenlose Entfaltung der totalen Herrschaft wie des Verschwindens des Singulären unter dem Abstrakt-Universellen aufdeckt. Auf der Linie der Analysen der politischen Regierungsformen (Platon, Aristoteles und Montesquieu) argumentierend, dabei sich von dem auf die Irrationalität des Phänomens zentrierten Diskurs absetzend, widmet es sich der Erforschung eines ganz spezifischen Regimes, das sich sowohl von Staaten autoritären Typs wie von tyrannischen Staatsformen unterscheidet. Rückverweise auf Platons *Staat*, Xenophons *Hiéron* und *Über Tyrannis* (1948) von Leo Strauss (1899–1973) stützen die Beweisführung. Dabei öffnet es zugleich einen Raum der Diskussion um dieses Problem, insbesondere mit Alexandre Kojève (1902–1968; *Tyrannis und Weisheit*, 1954).

Das totalitäre System, so erklärt Hannah Arendt, löst das Volk in homogene Massen auf, verbietet produktive Teilungen zugunsten des Einparteienstaats, etabliert an dessen Spitze die Funktion eines obersten Führers, bildet Eliten aus, die Reales und Fiktion vermischen, führt endlose Verdopplungen von Repressionsinstanzen (Polizei und Geheimpolizei usw.) ein, zerbricht die gemeinsamen Welten des kulturellen Austauschs und ersetzt sie durch repetitive Dogmen. Es verliert sich im Widerspruch zwischen der permanenten Bewegung, die es repräsentieren will, und der Notwendigkeit der Fixierung einer Organisation. Im Zentrum des Systems etabliert sich das Motiv des »Sündenbocks« oder der »Verschwörung« (einer jüdischen, im Fall des Nazismus – und eines Teils des Stalinismus – unter Schaffung eines fiktiven Gedächtnisses), worauf sich die Anklage in einem politisch-kulturellen Prozeß aufbauen läßt. Dessen Auswirkungen ist Claude Lefort in seinen letzten Werken zur rationellen Organisation der totalen Herrschaft nachgegangen (*Essays über das Politische*, 1986).

Ohne deren Schlußfolgerungen im Ganzen zu folgen, macht sich ein solcher Analysemodus doch in Teilen die hohen theoretischen Ansprüche zunutze, die durch die Arbeiten der wesentlich von Max Horkheimer (1895-1973) und Theodor W. Adorno (1903-1969) begründeten Frankfurter Schule gesetzt wurden. Deren theoretisches Wirken hat auch in der politischen Philosophie nachhaltige Spuren hinterlassen. Ihre Bedeutung gewinnt eine globale Analyse der im Zusammenhang mit der Erkenntnis des Totalitarismus stehenden Krise der Zivilisation zudem durch die im deutschen Sprachraum so genannten »geisteswissenschaftlichen« Ansätze, die in enger Beziehung zur Philosophie verbleiben.

In seiner Schrift *Zur Kritik der instrumentellen Vernunft* (1947) stützt sich Max Horkheimer auf Analysen des Totalitarismus und deren Ergebnis, daß das Verlangen nach Revolution sich nicht mehr in einer Partei als Organisation der fortschrittlichen gesellschaftlichen Kräfte verkörpern kann. Zudem breitet sich in den kapitalistischen Ländern die Macht einer instrumentellen Vernunft aus, die jene Mittel zu finden hilft, die

Zwecken angepaßt sind, mit denen die Völker in letzter Instanz erneut wieder geknechtet werden. Horkheimers globale Anschauung der zeitgenössischen Welt ist kritisch sowohl gegen den Totalitarismus gerichtet wie gegen die bürokratische Organisation der kapitalistischen Gesellschaft und die Vereinzelung der Individuen in der Massengesellschaft. Die Hypothese eines Wirkens der Vernunft in der Geschichte weist er ab, sieht vielmehr darin einen Prozeß der Selbstauflösung der Vernunft und in den Opfern des Totalitarismus dessen stumme Zeugen. Unter diesen Umständen sind die berechtigten Ansprüche auf Revolution nur eingedenk der Leidenserfahrungen der Opfer der Polizeiapparate zu bewahren und nur durch Individuen einlösbar.

Diese Analysen sind von entscheidender Tragweite. Dennoch ist die gewöhnliche Kritik des modernen gesellschaftlichen Verhältnisses unzureichend, wenn sie Demokratien, Nazismus und Kommunismus unter denselben Titel einreiht. Hinsichtlich der beiden letztgenannten Regimes sind Unterscheidungen zwingend, weil auch die Perspektiven jeweils andere sind: Maskiert die Demokratie für den Nazismus das Faktum, daß die Interessen von Kapital und Arbeit absolut übereinstimmen, so ist für den Kommunismus die (nominelle) Demokratie nicht in der Lage, die gesellschaftliche Voraussetzung der Arbeit auf eine politische Voraussetzung anzuheben. Unterscheidungen sind im weiteren erforderlich, weil hinsichtlich der Bedeutung, die Staat, Volk und Politik zukommen sollen, Divergenzen bestehen. Der Nazismus liquidiert dadurch die Moderne, daß er seine Legitimität in der Vergangenheit sucht (Fabrikation eines fiktiven Gedächtnisses: der arische Mythos) und eine Wahrheitsnorm auf dem Umweg über die Naturwissenschaften produziert (Rassenlehre, biologische Erblehre, Reduktion des Menschen auf bloße Gesetzmäßigkeiten der Natur). Der Kommunismus versteht sich als Fortsetzung des Emanzipationswillens, den er freilich mit dem Stalinismus diskreditiert, indem er eine »Wissenschaft« von den geschichtlichen Antagonismen erfindet, die die Existenz unwandelbarer Gesetzmäßigkeiten und den Stillstand der Geschichte zu Dogmen erhebt (Jean-François Lyotard, *Postmoderne, für Kinder*, 1986).

Der Prozeß, der gegen den Totalitarismus angestrengt wird, ist in vielen Werken nachzuvollziehen. Sie alle heben in unterschiedlicher Weise kritisch ab auf die Diskreditierung des Politischen, die Ausschaltung der Differenzen und Meinungsverschiedenheiten sowie die Zerstörung des gemeinen Menschenverstandes in der von ihm verheißenen permanenten Kontrolle und Einkerkerung. Wohl können also die totalitären Staaten gedacht werden, kann man auch nach den Katastrophen noch (anders) denken – doch welche Geschichte können wir noch realisieren, welche politischen Hoffnungen sind noch denkbar?

*Der engagierte Mensch: von Benda zu Sartre*

Steht jetzt an, eine Zwischenbilanz im Hinblick auf die Politik zu ziehen, das Verhältnis von Politik und Staat zu prüfen, auszumachen, ob die Politik ein autonomes Feld bildet oder in einem inneren Zusammenhang zum Gesellschaftlichen steht, den Status des Volkes zu klären, so ist nicht minder wichtig, zu sehen, wo denn die Philosophen in alldem stehen, was es mit ihren Theorien auf sich hat, mit der Umwandlung ihrer Konzepte in Praxis, ihren Ambitionen, den politischen Fehlern, die sie begangen haben, und den politischen Pakten (oder Pakten mit Politikern), die sie eingegangen sind.

Die Frage dieser Bilanzierung erwächst aus den modernen Philosophie-Werkstätten, fordert doch die Moderne, unablässig die Verbindungen zwischen Philosophie und Politik sowie zwischen jeweils einer der beiden und der Geschichte zu überdenken. Nicht daß es darum ginge, die moderne politische Philosophie auf die Anklagebank zu setzen und ihr gewissermaßen die Last des Totalitarismus aufzubürden. Doch ihre Produktivität hat nur in dem Maße Sinn, wie sie sich die Mittel verschafft, mit nicht nachlassender Schärfe über ihre eigenen Sackgassen zu reflektieren. Welches kritische Band besteht zwischen den früheren politischen Philosophien (sowie den Haltungen der Philosophen) und den totalitären Systemen, welchen Anteil haben die Philosophen der Politik an den Tragödien der neueren Geschichte?

Diese Frage kann nicht unterschlagen werden; erhellt wird sie sowohl durch das Aktivwerden der Philosophen der politischen Aktion, des relativen Gewichts ihrer Urteile und der spezifischen Unterwerfung unter Barbarismen einiger von ihnen, wovon der Fall Martin Heidegger (1889-1976) – bezogen auf seine zur Schau getragene Verachtung für alles, was den Ruch des Gemeinen und Gemeinsamen zwischen den Menschen hat (und die unumgehbare öffentliche Frage motiviert: darf man den Philosophen glauben?) – das Paradebeispiel darstellt. Vergessen werden kann auch nicht, daß die Philosophie an der Ausgestaltung der modernen Form des Politischen beteiligt war. Wird nicht aus diesem Grund, wenn auch aus entgegengesetzten Antrieben heraus, die Philosophie zu Anfang und zu Ende des Jahrhunderts durch Analysen des Handelns markiert, seines philosophischen Status und seiner Auswirkungen: 1893 veröffentlicht der Franzose Maurice Blondel (1861-1949) ein an die Kantsche Philosophie angelehntes Werk mit dem Titel *Das Handeln*, und 1973 steht die Veröffentlichung des Bandes des amerikanischen Pragmatisten Donald Davidson, *Handeln und Ereignis?*

Die Geschichte der politischen Philosophie zeigt mit aller Evidenz, daß das Festhalten der Philosophen an Aktion und Politik keineswegs frei von Zweideutigkeit ist. Ihre Äußerungen zur Politik erscheinen teils deskriptiv, teils präskriptiv, teils kritisch. Gemeinsames Merkmal aller dieser Diskurse aber ist das Dispositiv, mit dem der Philosoph das unmittelbare Verhaftetsein mit der bestehenden Welt anprangert zugunsten einer Distanzierung, ungeachtet der in der Folge erreichten Resultate: Theorie der Verbesserung, der Erlösung, des Wiederbeginns oder der Umgestaltung des politischen Körpers und der Macht.

Zu diesem Zweck stellen sie zunächst Legalität und Legitimität gegenüber, bestimmen dann Legitimität in dem Sinne, wonach die Machtverhältnisse oder die Befolgung der Gesetze den Gerechten befriedigen. Sie fordern ein Gerechtigkeitsregime, dem gemäß der Status des Intellektuellen ihnen eine

Ethik des Widerstands gegen die Verlockungen des Macht, gegen die die Realität beschönigenden Diskurse, gegen die Verführungen durch die Alltagsüberzeugung auferlegt. Sich einfügen gehört nicht zu den Tugenden der politischen Philosophen, eher die Fähigkeit, unzeitgemäß zu sein.

Ganz offensichtlich bleibt auch für das 20. Jahrhundert das von Émile Zola während der Dreyfus-Affäre (*J'accuse*, 1898) vertretene Modell (das aktive Eintreten für Wahrheit und Gerechtigkeit) eine Richtschnur. Zugleich bestätigt dieses Beispiel eine bereits seit längerem, zumal seit der Aufklärung (z.B. Voltaire) zu beobachtende Tendenz bei den auf Politik reflektierenden Philosophien, die Kant auf die Formel bringt, wonach »die Bank der philosophischen Fakultät« auf der »linken Seite«, der »Oppositionspartei« zu finden sei (*Der Streit der Fakultäten*, 1798). So erklären sich eine Vielzahl von Stellungnahmen. Der Intellektuelle-Philosoph nutzt seinen Bezug zum Wissen, um bei Bedarf ein bestimmtes Vermögen, ein bestimmtes Prestige oder Renommee zugunsten einer gerechten Sache einzusetzen.

Das heißt nicht, daß die Intellektuellen immer außerhalb der Sphären der Macht stehen. Mit den unterschiedlichsten Alibis haben sie daran teil; wie auch die akademischen Institutionen weiter über Machtbefugnisse verfügen. Daraus gewinnt dann Julien Bendas (1867–1956) harsche Kritik an den Intellektuellen ihre Berechtigung: daß diese, indem sie von den Vorteilen der Institutionen, in denen sie arbeiten, profitieren, zugleich damit akzeptieren, daß sie ihrer Meinungsfreiheit verlustig gehen, sich ihrer Unabhängigkeit des Urteilens und Bewertens entäußern (*Der Verrat der Intellektuellen*, 1927). Im übrigen stützt er seine Analyse weniger auf das Ideal einer moralischen Autorität von universeller Essenz als auf die Überzeugung von der herausragenden Würde der Profession des Intellektuellen, wobei er durchaus bereit ist, diese auf dem Substitutionsprinzip zu gründen: Ist ein Individuum nicht in der Lage, seine Integrität hervorzuheben, muß ich als Intellektueller an seine Stelle treten, um seine Würde und seine Rechte geltend zu machen.

So ist denn der Intellektuelle aufgerufen, Partei zu ergreifen, sich zu engagieren, behält man von diesem Terminus vorrangig seine breite Bedeutung: sein Wort geben (in der von Rousseau benutzten Bedeutung). Doch verliert dieses Wort in einem Augenblick alle seine Fähigkeiten, schlägt es sich nicht in einer politischen Aktion nieder, die ihm zur Ehre gereicht. So erfährt diese Frage auf der Grundlage der Reflexionen Jean-Paul Sartres (1905-1980) ab den fünfziger Jahren eine neue Wendung. Diese haben das Verdienst, das Thema der Überzeugung des Intellektuellen zu verbinden mit dem einer Philosophie des Eingreifens, der Intervention. Auch wenn es keine systematisch darstellbare Politik des Existentialismus gibt: In dem Maße, in dem diese Philosophie sich in der Geschichte verankert, diese verstanden als spontanes Aufblitzen in einer immer wieder erneuerten Erwartung der Freiheit (*Kritik der dialektischen Vernunft*, 1960), wird Sartre durch die Ereignisse zu Rebellionen geführt, von denen aus er das aus Überzeugung getragene Engagement des Intellektuellen für einen Teil des 20. Jahrhunderts definiert.

*Überzeugung oder Kompetenz? Von Sartre zu Foucault*

Die wirkliche Schwierigkeit besteht darin, diese Positionen als Maßstäbe dessen zu erfassen, worum es in der politischen Philosophie geht: Die einen wollen jene demokratischen Grundsätze nicht verändern, die den anderen lediglich als eitle Entschuldigungen angesichts der menschlichen Nöte und Dramen gelten. Politik hat dabei nicht dieselbe Bedeutung, die Macht wird nicht auf dieselbe Weise beurteilt, und auch der Geschichte fügt man sich anders ein, je nachdem, ob sie, weil Trägerin von Wahrheit, verbessert oder aber verändert werden soll.

Die Thesen des italienischen Philosophen Antonio Gramsci (1891-1937), da in den lange Jahrzehnte unbekannten *Briefen aus dem Gefängnis* (ab 1929 geschrieben) dargelegt, erst spät rezipiert, lassen die allzu interessclosen Rechtfertigungen zweifelhaft erscheinen. Mit seinem Konzept der Hegemonie setzt Gramsci die Intellektuellen – ohne dabei einem leeren Anti-Intellektualismus zu verfallen – der Dynamik der Klassen aus, von der sie sich befreit wähnten. Die traditionellen Intellektuellen sind als »Knechte« der führenden Klassen verschrien, da ausgebildet in Institutions-, Praxis- und Apparatekomplexen (Schulen, Universitäten, Museen, Bibliotheken), in denen sich ein Konsens hinsichtlich der Gesamtheit der Gesellschaft einstellt. Dieser Konsens verläuft über bewährte gesellschaftliche Normen. Doch jenseits dieser weist die intellektuelle Funktion eine »organische« Komponente auf, insofern die Intellektuellen organisch mit ihrer Klasse verbunden sind und darin die Rolle politischer Organisatoren spielen. Damit ist die Hegemonie definiert als ein den Klassenkämpfen immanenter Prozeß der Durchsetzung.

Dennoch ist die Debatte um die Frage der Intellektuellen noch nicht geschlossen. Die Nachsicht so vieler Intellektuellen gegenüber den totalitären Regimes verlangt ab 1975 nach Analyse und erneuter Infragestellung ihrer Rolle. In diesem Kontext verdanken wir Michel Foucault (1926–1984) die Bestimmung einer neuen Gestalt des Intellektuellen und zugleich deren Identifizierung mit neuartigen Kämpfen. Angesichts eines neuen Verständnisses von Politik und der totalitären Verführungen darf der unbeugsame Intellektuelle universalistischen Philosophien nicht mehr sein Plazet geben, verschleiern diese doch im gleichen Atemzug die Realität der Macht, die Realität ihrer Macht, die Vermischung von Macht und Staat, die Funktion der politischen Fiktionen wie die daraus sich ergebenden Folgen. Darunter die dem Intellektuellen übertragene Rolle, seine Überzeugungen im Namen des »Volkes« zu äußern, sich an dessen Stelle zu setzen und ihm eine glorreiche Zukunft zu verheißen.

Darin, dem Ideal des Wortführers nachgegeben zu haben, liegt womöglich eine der Quellen für bestimmte Dramen in der ersten Hälfte des 20. Jahrhunderts. Des Wortführers, der am Ende und zu eigenen Zwecken das Wort des »Volkes« kolonisiert. Muß demnach fortan der Intellektuelle woanders verortet, er vor allem an eine spezifische Tätigkeit gebunden werden? Ja, behauptet Foucault, nämlich da, wo er die Mithilfe seiner Kompetenz und nicht seiner Überzeugung anbieten kann, seines spezifischen Wissens und seiner Stimme, ohne an die Stelle der kämpfenden Männer und Frauen zu treten. Aber dies zwingt auch, das wirkliche Subjekt der Geschichte woanders als im Proletariat zu suchen. Foucault macht es in jenen Individuen aus, denen es gelingt, die politischen Netzwerke, die durch die Durchsetzung von Normen den Zusammenhalt des Gesellschaftskörpers erwirken, zu durchstoßen und zu übertreten. Diesen Individuen, so seine Einschätzung, gelingt es, in sich selbst die Effekte dieser Normen wieder zu erfassen und sie umzusetzen in Werke: der »Wahnsinn«, das »Schreiben«, die »abweichende« Sexualität usw. Auf diese Weise dringen sie zu einer wahren Ästhetik des Daseins vor.

*Die Demokratien nach dem Totalitarismus: Popper, Gadamer*

Welche Perspektive auch immer eingenommen wird, zentral ist die Frage, wem die Schwierigkeiten (weltweite Wirtschaftskrise, nach dem Kalten Krieg aufbrechende bewaffnete Konflikte) anzulasten sind, die die Demokratien, begleitet von der theoretischen und praktischen Kritik der Totalitarismen, durchmachen. Nach der Verdammung letzterer (endgültig nach dem Fall der Berliner Mauer, 1989) wie auch der technokratisch verkümmerten Politiken (herausragendes Thema der 68er-Bewegungen in Europa): sollte nun die definitive Anprangerung der Moderne anstehen? Ist die Moderne, die so vehement bestrebt war, die Zukunft durch die Emanzipation zu definieren, radikal gescheitert (weil sie verfälscht wurde, abgetriftet ist, aus innerer Bestimmung)? Ist die repräsentative Demokratie, die sich erneut als Ausgangspunkt der Diskussionen anzubieten scheint, ausreichend demokratisch? Droht sie nicht durch das Kappen des Bandes zwischen Sozialem und Politischem formal zu bleiben? Handelt es sich um die letztmögliche und beste aller möglichen Staatsformen?

Im Namen wessen sollte sie die beste Staatsform sein? Im Namen des Rechts: der Existenz einer lebendigen Pluralität von

Meinungen, die im Rahmen einer friedlichen Konkurrenz aufeinanderprallen und diskutiert werden und damit jenen etwas vereinfachten Gegensatz Karl Poppers (1902-1994) zwischen offenen und geschlossenen Gesellschaften legitimieren (*Die offene Gesellschaft und ihre Feinde*, 1957)? Im Namen des Faktischen: der Existenz einer autonomen politischen Instanz? Daß diese Staatsform keinen Typ des Politischen verbietet oder umgeht, verhindert nicht die Einsicht, daß sie nur gezwungenermaßen kollektives Handeln akzeptiert oder absichtsvoll Verwirrung stiftet zwischen Meinung (die doch keine Dummheit ist) und Alltagswelt.

Man kann sagen, daß die neuen Diskussionen hinsichtlich der Demokratie in einer eher schwierigen Situation sind. Sicher dringen sie bei ihrer Prüfung bis ans Ende vor und wähnen sich nicht schon so weit mit der Frage fertig, daß sie keine Prinzipien mehr geltend machen. Im Grunde bezeichnet die moderne Demokratie ein schwieriges politisches Regime, weil es keine Garantien bietet gegen die Unsicherheiten und Unvorhersehbarkeiten und keine Transzendenz ihr den Weg weist. Und das ausgehende Jahrhundert kann schließlich auch nicht mehr den Tod des Politischen umgehen (Interesselosigkeit, Apathie, Demobilisierung), herbeigeführt durch die Erfahrungen ebendieses Jahrhunderts. Ist daraus zu schließen, daß daran gearbeitet werden muß, wie die Demokratie wirksam werden kann?

Sicher ist, daß ein Gegensatz besteht zwischen jenen Überlegungen, die eine neue Theorie des öffentlichen Beratens entwerfen, des Wechselverhältnisses von Heterogenem und Einheit kraft öffentlicher Argumentation, kraft juridischer und politischer Verfahren und der Einbindung der Bürger (Information, Auseinandersetzung, Debatte), und jenen Reflexionen, die an der Kritik des demokratischen Repräsentativsystems, der formalen Universalität festhalten und Politik ausgehend von einer Analyse der von den gesellschaftlichen Kämpfen geforderten kollektiven Wesenheiten (dem Heterogenen) zu rekonstruieren suchen: Recht der Minoritäten, Recht auf Unterschied, in einem Wort: den Opfern der politischen Ordnung.

Nachdrücklich beiseite gelassen werden dabei jene Thesen, die die politische Perspektive durch die Berufung auf eine strukturierende Autorität erneuern wollen: dies ist der Fall etwa mit Hannah Arendt, wenn sie gegenüber der Verherrlichung der Arbeit im Totalitarismus die unveränderlichen Normen und Richtmaße politischen Handelns und Sprechens hochhält (*Vita activa oder Vom tätigen Leben*, 1958); dies gilt noch mehr für Hans-Georg Gadamer, der nach Überlieferung ruft zur Wiederherstellung gesellschaftlicher Einheit (oder vielmehr Daseinsgründe): Das Individuum bleibt in der modernen Arbeitsgesellschaft unbefriedigt und in sich zerrissen, weil es im bloßen Kampf gegen die Natur und in der Apologie effizienten Kalküls nicht sein Heil findet. Im Blick worauf arbeiten? Im Blick auf Muße, Freizeit? Doch worin besteht der Sinn dieser »leeren« Zeit? Indem es ganz im Gegenteil zu einem alten Sakralen, einem vergrabenen Schatz an Sinn, einer Transzendenz zurückgeht – was zur gleichen Zeit auch bestimmte Kritiker der »atheistischen« Moderne auf politischer und sozialer Ebene predigen (Ermunterung zu einer Rückkehr des Sakralen, um dieses zu einem Garanten des gesellschaftlichen Zusammenhangs zu erheben) –, wird das Individuum wieder zu Glauben, zu Vertrauen finden (*Wahrheit und Methode*, 1960).

Auch die marxistischen Thesen lassen sich ohne Restrukturierung nicht durchhalten. Akzente werden verschoben, insbesondere in Richtung auf die Psychoanalyse. Dies trifft auf jene Kritik an der von der kapitalistischen Konsumgesellschaft aufgezwungenen krankhaften Abhängigkeit und Homogenität zu, wie sie Herbert Marcuse vorträgt (1898–1979). Die umgekehrte Glorifizierung der freien Entfaltung der potentiell revolutionären libidinösen Kräfte (*Triebstruktur und Gesellschaft*, 1955; *Der eindimensionale Mensch*, 1964) nimmt in jener Epoche die Stelle einer theoretischen Revolution ein. Andere verschieben die Akzente hin auf Fragen der Ästhetik, so wie es Theodor W. Adorno praktiziert (*Negative Dialektik*, 1966; *Ästhetische Theorie*, 1970); für ihn kommt der Ästhetik das Verdienst zu, die Morbidität der in den kapitalistischen Demokratien aufgezwungenen Identitäten und Totalisierungen aufzubrechen zugunsten des einzelnen, Fragmentarischen, Disharmonischen, die zur Wahrung des Lebens notwendig sind.

Deutlich sichtbar wird, daß es von wesentlicher Bedeutung ist, gegenüber etablierten Modellen ein Denken des Möglichen, des Unbestimmten der Geschichte ins Feld zu führen.

*Öffentlichkeit und die Philosophie von Habermas*

Jürgen Habermas (1929) hat diese Zweifel und Besorgnisse in die Begriffe einer lebendigen Demokratie übersetzt. Das Konzept der Öffentlichkeit, des öffentlichen Raums, mit dem er die stete Aushöhlung der modernen Politik zu reflektieren sucht, hat sehr rasch an Bedeutung gewonnen. Versteht man *Öffentlichkeit* als die Gesamtheit der Beziehungen, innerhalb deren sich auf lebendige Weise politisches Reden vollzieht, wird einsichtig, daß der demokratische Staat unter ihrer Kolonisierung durch die Medien und anderen Instanzen der Konfiszierung des Worts (oder der Einprägung erstarrter Modelle) leidet. Die Bürger wenden sich vom öffentlichen Raum ab, da sie darin kein Gehör mehr finden, ihn nicht mehr eigenständig mit Leben füllen können.

Dennoch verfügen sie mit der Sprache über eine immanente Bindekraft (zwischen den Menschen, die keine isolierten Monaden sind, besteht ein unumgängliches Band), eine Kraft der Intersubjektivität, die es zur Geltung zu bringen gilt (man spricht und man lebt *gemeinsam*). Die Neutralisierung der Öffentlichkeit in der Zersplitterung und Verflüssigung, dem Bereich von Zeitung und Fernsehen, die Gegenüberstellung von Alltäglichem und Spektakulärem, insgesamt die Verschränkung von öffentlichem und privatem Bereich suspendieren den von den Bürgern aneigenbaren Austausch (*Strukturwandel der Öffentlichkeit*, 1962).

Am Modell der Sprache, der Intersubjektivität, kann das Wort in einer entkolonisierten Lebenswelt erneut belebt werden. Die Folge daraus wäre, daß die Aufmerksamkeit für den anderen darin neue Ansprüche fände gegen die Politikverdrossenheit und politische Apathie der Bürger, daß die Politiker sich Kontrollen ausgesetzt sähen (gezwungen, zu überzeugen und nicht zu überreden).

Letztlich nimmt die politische Philosophie erneut den Horizont des Rechts auf: Die Frage lautet nun nicht mehr, was das gute Leben ist, noch wie die Welt zu verändern ist, sondern unter welchen Bedingungen eine Norm für alle Geltung haben kann. Habermas will den Gesichtspunkt des »wir«, der gesellschaftlichen Einheit, wiederherstellen, ausgehend von einer auf Normen begründeten Übereinkunft und nicht einem Zwangsgebot. Er nennt diese Übereinkunft »Kommunikation«, weil sie auf »Gemeinsamem«, »Kommunikativem« beruht und dieses selbst erzeugt (*Theorie des kommunikativen Handelns*, 1981).

*Die wieder ernstgenommenen Bürgerrechte: Rawls, Dworkin*

Ähnlich läßt sich mit dem neuerwachten Interesse an der Frage der Gerechtigkeit, jetzt gestellt unter dem Gesichtspunkt der entsprechenden Verfahren, eine Verbesserung des demokratischen Lebens denken, wenn nun einmal der Gedanke an Revolution nicht mehr auf der Tagesordnung steht. Die amerikanischen Philosophen John Rawls (1921) und Donald Dworkin (1931) – *Bürgerrechte ernstgenommen*, 1977 – reflektieren die demokratische Einheit neu vom rousseauistischen Modell aus und zugleich gegen es. Da sie die Gesellschaft vor allem als Stätte liberaler Kooperation entsprechend relativistischen Pluralismen definieren, geht es diesen Autoren auch nicht um Fortführung des Begriffs des Allgemeinwillens; er muß in ihren Augen zwangsläufig zur Überbewertung einer sozialen Einheit führen, deren Quelle nur der Staat sein kann. Deswegen ist jedoch die Sorge um die Gerechtigkeit keineswegs obsolet geworden.

Der Beleg, so Dworkin als Rechtsphilosoph: Gerechtigkeit muß nicht nur auf der Basis von durch den Gesetzgeber erlassenen Regeln angewendet werden, sondern auch noch unter Bezugnahme auf Prinzipien. Deren Untersuchung steht nun an.

Geleitet durch den Gerechtigkeits- bzw. Billigkeitsgedanken, lassen sie sich zusammenfassen in der Formel eines Rechts »auf gleiche Rücksicht und Achtung«.

Bei ihrer Neudefinition der Konzeption von Gerechtigkeit nehmen diese Autoren eine fiktive Situation als Modell: das eines »Schleiers des Nichtwissens« (Rawls, *Eine Theorie der Gerechtigkeit*, 1971). Dieses besteht darin, die politische Vereinigung ausgehend von einer neutralen Situation zu denken, in der die Vertragspartner ohne Kenntnis weder ihrer gesellschaftlichen Stellung noch ihres kulturellen Hintergrunds eine rationale Entscheidung treffen sollen. Unter Bezugnahme auf die Unparteilichkeit der Handelnden unter Voraussetzung einer Gerechtigkeitsvorstellung sind sie sich einig über die Grundsätze einer für alle geltenden und für alle begreifbaren sozialen Gerechtigkeit jenseits der aufrechterhaltenen sozialen Ungleichheiten. Darin zeigt sich deutlich die Reduktion der politischen Philosophien auf die Aussage formaler Zwänge, die den Status quo dadurch sanktionieren, daß sie sich mit der Formulierung eines regulativen Ideals (ohne fabulierte Repräsentation) des politischen Handelns zufriedengeben: daß das menschliche Wesen stets in seiner Integrität bewahrt werde. Das Politische hat damit alles von einer leeren Form.

*Neu überdachte Begriffe: Handeln, Politik, Klugheit*

Die schmerzhaften Erfahrungen aus den Tragödien dieses Jahrhunderts verändern die Analyseachsen grundlegend. Abermals gilt es, sich der Frage des Handelns, der Politik und der Geschichte, der des Menschen zu stellen, denn wie es scheint, mündet das Handeln weniger in die Freiheit eines gesellschaftlichen Bandes der Kooperation als in den Zwang einer bloßen Koexistenz. So ist es durchaus sinnvoll, die historisch überlieferten Begriffe der politischen Philosophie einer erneuten Prüfung zu unterziehen. Von der Platonschen Definition politischer Kompetenz, der Aristotelischen Perspektive der Zwecke des Gemeinschaftslebens, der gemeinschaftlichen Nützlichkeit der Stoiker, der Einheit der öffentlichen Sache von Cicero, der Einheit in Gott von Augustinus bis zu den Ansätzen, die die Gesellschaft von ihren Widersprüchen aus analysieren und sich weigern, den Konflikt zum Widersinn zu stilisieren: ein reiches Erbe für die Philosophen. Doch wie es fruchtbar machen?

Läßt sich noch die Hoffnung aufrechterhalten, die beste aller möglichen Staatsformen verwirklichen zu können? In Kontinuität mit der *Dialektik der Aufklärung* (1947) veröffentlicht Adorno *Minima Moralia* (geschrieben zwischen 1944 und 1947). Darin wird in einer Abfolge teilweise bitterer Aphorismen und in fragmentarischem Stil ein Wiederaufleben der alten politischen Hoffnungen für gegenwärtig undenkbar erklärt und eine Kritik der zeitgenössischen Gesellschaft ohne Rekurs auf eine wie immer geartete Utopie gerechtfertigt. Es überlebt nur mehr der einzelne in seiner Isolation. Adorno erhebt keinen Anspruch mehr auf irgendeine Vorbildfunktion.

Daß keine bestmögliche Staatsform existiert, heißt nun freilich nicht, daß jedes Unternehmen gerechtfertigt ist. Die Philosophie weicht nicht von ihren Grundsätzen ab: Immer wieder strengt sie den Prozeß an gegen die herrschende Politik und die Herrschaftsformen, mischt sie die Kritik an den dem Staat gewährten Vergünstigungen mit der Kritik am politischen und revolutionären Handeln. Dies ist das Schicksal der zweiten Hälfte des 20. Jahrhunderts: fortwährend werden die Errungenschaften und Hoffnungen der früheren politischen Philosophien auf den Prüfstand gestellt. Diese werden also in den Prüfungen, denen sie durch die Macht unterzogen werden, nicht vollständig aufgerieben.

Sollte hier Verwirrung herrschen, namentlich zwischen Philosophie und politischer Praxis? Eine derartige Konfusion hat der amerikanische Philosoph Richard Rorty (1931) als »europäischen Historizismus« definiert. Mit anderen Worten, als illegitime Schlußfolgerungen durch die europäischen Philosophen. Diese haben an eine bestimmte Zwangsläufigkeit in den Dingen geglaubt, an die Unausweichlichkeit eines politischen Werdens der Philosophie. Rorty nun versucht, diese Philosophien durch eine andere Version von Politik zu ersetzen: den Pragmatismus. Auf seiner Habenseite die These, wonach die Politik lediglich eine Serie von Erfahrungen ist. Keiner Handlung kann der Titel einer Wahrheit zuerkannt werden, weder einer philosophischen noch einer religiösen (gemäß der Doktrin von Jefferson). Jede Erfahrung muß folglich in der Weise erlebt werden, daß aus ihr Hinweise darauf zu ziehen sind, welche Vorsichtsmaßnahmen im Augenblick, da man sich in weitere Erfahrungen verstrickt, zu ergreifen sind: »Sollte auch nichts mehr bleiben vom Zeitalter der demokratischen Revolutionen, ist doch der Gedanke erlaubt, daß unsere Nachkommen sich noch erinnern werden, daß die gesellschaftlichen Institutionen als Experimente der Zusammenarbeit angesehen werden können statt als Versuche, eine universelle und von der Geschichte unabhängige Ordnung stark zu machen« (*Der Spiegel der Natur*, 1979). Womit die Philosophie nicht mehr so tun muß, als wollte sie heroisch sein.

So scheint die politische Philosophie des 20. Jahrhunderts tatsächlich endgültig von einer Reflexion auf das Problem des Volkes (des einen Volkes, des Volkes als Souverän) und der Völker (Dritte Welt, Souveränität der Völker) übergegangen zu sein auf eine Reflexion über die demokratische Legitimität (geschwunden durch den Primat der Ökonomie) und die Beschaffenheit der Gesellschaft (häufig verödet durch Konsum und Medien).

Welches politische Handeln ist unter diesen Umständen noch vorstellbar? Bald zeichnen sich neue Theorien der Klugheit ab, jenes alten und bereits von Aristoteles zur Geltung gebrachten Begriffs. Darunter ist nun gewiß nicht die Weigerung zu verstehen, sich im übertriebenen Maße schwierigen Situationen auszusetzen. Bereits bei Aristoteles definiert dieser Terminus eine aktive Tugend, eine Disposition zum Guten (*Die Nikomachische Ethik*, VI, 1140 b 8). Das Feld der Klugheit bleibt das des Handelns. Niemand darf unter dem Druck eines Impulses handeln. Überlegen und Auswählen des besten Handelns vor dem Agieren bleiben wesentlich. Mit anderen Worten, es ist möglich, Klugheit wieder im Rahmen eines Denkens der notwendigen Grenzen des Handelns zu erfassen. Dieser neue zeitgenössische Diskussionsrahmen erinnert daran, daß der Mensch zwar alles tun kann, aber nicht alles ausführen muß. Hier gewinnt die Frage der Klugheit wieder ihre Bedeutung. Die politische Klugheit verweist, negativ, auf die Pflicht, Waghalsigkeit zu vermeiden, und positiv auf die Pflicht, erst nachzudenken und dann entsprechend der Präferenz eine Wahl zu treffen.

Damit finden sich plötzlich nicht mehr nur die Konzepte der politischen Philosophie in der Revision, sondern auch das Verhältnis von Ethik und Politik. Lange Zeit stand dieses unter dem Primat einer Erlösungsvorstellung von Geschichte. Britischen Philosophen (Bernard Williams, Philippa Foot, James Griffin, Jonathan Glover usw.) ist zu danken, daß die Diskussionen auf diesem Gebiet eine entscheidende neue Wendung genommen haben. Der allgemeine Nutzen besteht zum mindesten darin, daß der Leser aufgefordert ist, die in diesem Jahrhundert vorgenommenen Artikulationen (oder Reduktionen) zu überdenken. Die grundlegende Aussage dieser Forschungen lautet: Die Philosophie kann den Menschen nicht sagen, wie sie leben sollen. Das heißt nun nicht, daß sie im staatsbürgerlichen Leben keine Bedeutung haben soll. Sie trägt zur Politik in dem Maße bei, wie sie die Menschen dazu führt, ihre Gedanken und Vorstellungen zu verändern, denn sie sind in jedem Fall auch politische Akteure.

Natürlich steht damit immer noch die Antwort auf die Frage aus, wie die politischen Akteure politische Urteilskraft erwerben können. Bisher hatten es politische Organisationen (Parteien oder »Kollektivintellektuelle«) übernommen, ihnen gewissermaßen Urteilskraft vorzugeben. Wäre es nicht angebracht, diese Praktiken zu überdenken? Unter anderem auch das Verhältnis Individuum-soziale Organisation: Bei genauerer Analyse wird immer ein Konflikt sichtbar zwischen dem allgemeinen Standpunkt (mit dem Anspruch auf universelle Unparteilichkeit und Gleichheit) und dem individuellen Standpunkt (mit dem Auftreten individualistischer Motive und Forderungen, die der Verwirklichung universeller Ideale zuwiderlaufen). Wie ist eine akzeptable Kombination zu erreichen zwischen dem politischen Ideal, Normen persönlicher Moral und der Partikularität? An diesem Punkt endet gegenwärtig die Reflexion über die Teilhabe der Bürger an der Politik. Den Standpunkt des Individuums einnehmend, das die Institutionen unterstützen und zugleich in sich diese Institutionen und die eigenen individuellen Interessen koexistieren lassen muß, haben einige Vertreter der politischen Philosophie sich zur Aufgabe gemacht, die Praktiken der Demokratie neu zu analysieren (so etwa der amerikanische Philosoph Thomas Nagel).

*Das Problem der Macht nach Foucault*

Traditionellerweise zielen die Praktiken auf ein Objekt, die Macht. Doch auch dieses Objekt verdient, neu überdacht zu werden. Der überkommene Gegensatz Verbesserung/Veränderung (der Macht) erlischt immer mehr im Lichte der Ereignisse und der Auflösung der Zukunftsperspektiven. Nun ist die Ausübung von Macht zwar weiterhin und immer wieder Gegenstand von Polemiken, wird aber seit längerem schon nicht mehr analytisch durchdrungen. Ein erster Befund in diesem Zusammenhang lautet: der politische Raum der Demokratie ist im Verfall begriffen. Der allgemeine Eindruck ist, daß Politik sich nicht mehr mit einem instrumentellen Charakter begnügen kann. Die Staatsbürger lehnen es ab, wie früher regiert zu werden, ohne eigenen Einfluß auf den Gang der Dinge und unter Berufung auf Sachfragen der Politik (die Experten oder Führungsleute). Zugleich äußert sich der entschiedene Wille, die alten Autoritäts- und Glaubensstrukturen niederzureißen, die den Individuen einen Rahmen vorgeben und ihrem Dasein von oben Sinn zuweisen.

In diesem Zusammenhang war Michel Foucault der erste, der diese Herausforderung angenommen hat. Er durchschaut, daß Macht sich nicht auf ein an der Spitze des Staats lokalisierbares Objekt reduziert. Der Ausdruck »Macht« bezeichnet ein Verhältnis, das sich endlos übersetzt und aus dem jeder Genuß zu ziehen versucht (*Überwachen und Strafen*, 1975). In den demokratischen, in Wahrheit disziplinären Gesellschaften laufen Prozesse ab, die die Kosten der Ausübung von Macht so gering wie möglich halten, indem sie deren symbolische Profite und Effekte größtmöglich ausweiten und sowohl die Gefügigkeit der Menschen als auch den Nutzen aller Erziehungs- und Bildungsapparate anwachsen lassen.

Foucault attackiert frontal den platten Marxismus, für den sich die Lösung der Frage der Macht in einer Staatstheorie verdichtet, die ihrerseits auf eine Theorie des Klassenkampfes verkürzt wird. Bestrebt, die Aspekte des Problems zu erweitern, aus einem simplen Mechanismus herauszutreten, in dem Macht mit einem einzigen und absolut determinierenden Zentrum identifiziert wird, deckt der Philosoph eine Fülle von Quellen der Machtbeziehung auf, was auch im Vokabular seinen Niederschlag findet: Technologien der Macht, Bio-Macht usw.

Wichtiger aber noch: Diese Umbildungen wirken sich immer nachdrücklicher auf die Konzeption des politischen Subjekts der Geschichte aus. Indem Foucault im Lichte seiner Arbeiten die Geschichte unserer (griechisch-antiken und christlichen) Kultur neu liest, erfaßt er darin Praktiken der Macht, von denen auch noch unsere Epoche heimgesucht wird.

Eine dieser Praktiken, das Geständnis, läßt erstaunliche Entwicklungen zu. Das Christentum, so erläutert Foucault, erfindet das Geständnis, um es einem Schlüsseldispositiv des Bewußtseins einzufügen und Strategien zu rechtfertigen, die über die Buße auf Disziplinierung des Körpers des Sünders abzielen. Das Geständnis schreibt dem Subjekt vor, mit Hilfe eines »Experten«, der ihm die Beichte abnimmt (dem Priester), die Wahrheit über sich selbst preiszugeben. Die Moral des Geständnisses impliziert die Verinnerlichung der Mechanismen der Macht (Unterwerfung, Wahrsagen, Reue).

Diese Analyse führt am Ende zu einem Vergleich. Die Techniken des Beichtens sind zwar heute nicht mehr im Religiösen lokalisiert, aber sind sie dafür nicht zum einen in die Humanwissenschaften, zum anderen in aktuelle Formen diverser Machtinstanzen eingedrungen?

Wenn das stimmt, dann wird auch verständlich, warum Foucault versucht, auf Prozesse zu verweisen, die die Geständnismechanismen abwenden. Dem Entreißen der Wahrheit setzt der Philosoph eine Ethik der Suche nach Wahrheit entgegen. An die griechisch-antiken Künste der Existenz anknüpfend, schlägt er ein authentisch auf Emanzipation gerichtetes Vorgehen vor. Was er »Ästhetik der Existenz« nennt – die sich weniger auf ein Widerstandsrecht des Subjekts gegenüber der Macht stützt als auf ein nie ausrottbares Potential an Widerstand –, verheißt einen ohne Geständnis noch Rechtfertigung gebildeten Mut zur Wahrheit. Wahrheit kann nur in einem Geltendmachen des Selbst bestehen.

Indem es nicht der Entfremdung des Beichtens weicht, der Schwierigkeit, sich erkennen zu lassen, lernt das Subjekt, die Verantwortung für sich als solches zu übernehmen. Es kann nun gegen die Formen der Verknechtung ankämpfen, gegen das Erdrücktwerden durch ein vom anderen aufgezwungenes Selbstbild. Es beginnt zu reden, ohne Schuldgefühl und falsche Unschuld, indem es eine wahre Beziehung zu sich selbst unterhält. Das Wahr-sagen des Subjekts, seine Subjektivation, wird ein Moment seiner Befreiung. Die Ethik des Muts zur Wahrheit oder Ästhetik der Existenz – die eigentliche Politik Michel Foucaults – beschränkt sich nicht auf eine Wiederholung des Dandytums des 19. Jahrhunderts. Er kehrt das Geständnis um in Übung an sich selbst, in die Wahl einer Seinsweise, ausgehend von seiner eigenen Umgestaltung. Diese in höchstem Ausmaß politische Herausforderung an jede Herrschaft trägt bei zur Definition einer Übung, mit der man wird, was man ist, indem man sich von dem löst, was andere wollten, was man sei.


*Das Ende von Geschichte und Politik*

An diesem Punkt der Debatten, die die aktuelle politische Philosophie strukturieren, wird klar erkennbar, daß die Politik ihre Bindungen an eine globale Geschichtskonzeption weitgehend gelockert hat, wenn sie denn nicht überhaupt versucht, Geschichte anders zu denken. Sollten wir schon so sehr desillusioniert sein, daß wir annehmen würden, das von der Politik eröffnete Feld des Möglichen reduziere sich auf bloße Modifikationen der individuellen Existenz? Kann nichts Neues mehr ersonnen, entwickelt werden, müssen wir uns damit abfinden, den Status quo zu verwalten? Wenn die Geschichte und das neuzeitliche Streben nach Emanzipation uns entgleiten, verfügt Politik dann überhaupt noch über Wirksamkeit?

Es hat tatsächlich den Anschein, als seien viele der Meinung, in Sachen historisch-politischen Handelns sei bereits alles geschehen. Die Demokratie bleibt für sie die letztmögliche Staatsform. Die Aufgabe für die Zukunft bleibt folglich, sie zum Wohle der Interessen aller und der Entwicklung neuer Bereiche ihrer Verwirklichung (Europa, die internationalen Organisationen) zu erhalten oder ihre postmoderne Globalisierung zu beobachten.

Hinsichtlich des ersten Aspekts der Frage ist auf die politisch-philosophisch untermauerten Thesen des amerikanischen Autors Francis Fukuyama zu verweisen, dessen öffentliche Karriere mit der Publikation eines Artikels in der Zeitschrift *National Interest* (1989) mit dem Titel »Das Ende der Geschichte?« begann (dem 1991 bald ein gleichnamiges Buch folgte). Wenn Europa die Tendenz hat, seine aus dem 19. Jahrhundert geerbten großen Erzählungen zu verwerfen, erklärt er, so gibt es eine, deren sich die Vereinigten Staaten erinnern sollten und die unüberschreitbar ist: die große amerikanische Erzählung, die die Krise des Fordismus durch tiefgreifende Verwirklichung der gesetzlichen Garantien zu überwinden vermag. Mit dem an Hegels Philosophie angelehnten Ausdruck »Ende der Geschichte« ist der letzte Nagel in den Sarg des Marxismus-Leninismus geschlagen. Damit verschwinden die zentralen Herausforderungen, die sich dem amerikanischen Liberalismus im Verlauf dieses Jahrhunderts entgegengestellt hatten. Da weder die Religion (insbesondere der Islam) noch der Nationalismus imstande zu sein scheinen, neue Herausforderungen zu präsentieren, ist der Sieg der (amerikanischen und liberalen) Demokratie *ad vitam aeternam* gesichert. In das Ende der Geschichte eingetreten, sind der Endpunkt der ideologischen Entwicklung der Menschheit und die Endform jeder menschlichen Regierung erfolgreich errungen!

Wie auch immer die Anverwandlungen dieser These aussehen mögen, dies eine hat sie jedenfalls offenbart: Wir alle sind Nachkommen des modernen Bewußtseins der Geschichte und des Primats der Politik. Nun stimmt es allerdings, daß diese Geschichte sich als sehr eurozentristisch erweist und als stark etatistisch gefärbt (Verbindung des Staats mit einer teleologischen Sicht der Geschichte). Die alles in allem höchst brüchige These gibt zumindest Gelegenheit, das weitere Schicksal der Moderne zu überdenken.

Das nehmen sich, auf anderen Wegen, die postmodernen Philosophen vor. In seinem Werk *Das Ende der Moderne* (1985) widmet sich Gianni Vattimo (1936) einem der Grundbegriffe der modernen großen Erzählungen vom Staat: dem Fortschritt. Die Destabilisierung dieses Begriffs zieht eine bestimmte These zur Geschichte und damit einhergehend eine zur Politik nach sich. In der Ära des Posthistoire führt die technische Entwicklung zur Routine der Neuerung, d.h. zu Wiederholung. Dies hat Folgen sowohl für die philosophische Konzeption der Geschichte als auch für die politische Praxis und die Historiographie. Um genauer zu sein, so führt Vattimo aus, die Menschen sind in eine andere Daseinsform eingetreten. Diese ist von der Ästhetik und nicht mehr von der Geschichte geleitet. Wir sind fortan gezwungen, unablässig ephemere Experimente einzugehen, und die Politik hat keine andere Bedeutung mehr als die, deplazierten Zitaten oder Spielen von Simulakren Vorschub zu leisten.

Das von der Moderne gesetzte Prinzip – sich ihrer selbst bewußt, theoretische Begründung ihrer selbst zu sein – bricht zusammen. Auch wenn sie ihre eigene geschichtliche Verwurzelung und ihr Echo in der Geschichte nie außer acht gelassen hat, auch nicht ihre geheimen Bindungen an die Ereignisse, so ist doch klar, daß sie trotz aller ihrer Wünsche nach Entmystifizierung eine historische Erzählung an sich gebunden hat, die ihre eigenen Ursprünge mystisch verdunkelt. Aus dieser Sackgasse müssen wir nun heraustreten. Die Geschichte »führt«

nicht unausweichlich irgendwohin. Sie resultiert aus einer bestimmten Art von Handeln und produziert andere Arten, dabei Richtungen und Bedeutungen eröffnend, die stets vielfältig sind, zeichnet eine Vielfalt von Verkettungen, die auf kein einheitliches Prinzip des Verlaufs und der Totalisierung reduzierbar sind. Deshalb macht sie der Politik Platz, indem sie die Menschen zwingt, sich zu versammeln, sich auszutauschen, innerhalb von Zwängen Strategien zu entwickeln, die Andersheiten sichtbar zu machen.

*Eine politische Philosophie für das ausgehende Jahrhundert?*

Sind noch politische Philosophien vorstellbar, die zu neuen Energieherden werden können, von denen aus sich mit neuen Anstrengungen das Verhältnis zwischen der Theorie und dem brüchigen und häufig unvorhersehbaren Handeln denken lassen? Wer ist in der Lage, die zweifache Dimension des bestehenden Politischen, den in seiner Hoffart (bzw. einer instrumentellen Politik) eingeschlossenen Staat und eine Gesellschaft, die von irreduziblen Konflikten durchsetzt ist, ernst zu nehmen ohne in den Formalismus der Prozeduren zu verfallen? Wer gibt Impulse für ein anderes Bewußtsein der Geschichte und deren Gewalttätigkeiten, das eine Rationalität impliziert, die keinem Diktat des Universellen ähnelt?

Ein rascher Überblick über die zeitgenössische politische Philosophie belegt, daß bislang unbekannte, zukunftsträchtige Themen immer noch Aufmerksamkeit und Polemiken auf sich ziehen: regionaler Universalismus und politische Körperschaft, Überbleibsel des Sakralen und Funktion der Begeisterung in der Politik, Bedeutung der gesellschaftlichen Vermittlungsinstanzen im Verhältnis von Teilung und Einheit, formale Vermittlungen (vor der Vermittlung festgelegte Glieder) oder dialektische Vermittlung usw. Diese Themen gliedern sich um Fragen der Opfer der Unterdrückung, deren dramatisch zugenommene Existenz überall auf der Welt (und vor allem deren Auswirkung auf die selbstproklamierten gesellschaftlichen Harmonieverhältnisse) feststellbar ist: Verlust von Rechten, Entwurzelung, Kriege, Exile, geschundene Menschen.

Im Umkreis des Problems der Opfer werden erneut Politik und Aktion virulent. Dies um so mehr, als einige daran interessiert sind, die Grenze zwischen Mörder und Opfer zu verwischen, zwischen den Opfern untereinander, zwischen den zu Mördern sich wandelnden Opfern und den anderen, zwischen den zivilen und den politischen Opfern. Auf einer allgemeinen Ebene ist klar, daß von Opfer zu sprechen bedeutet, ein Herrschaftsfeld auszumachen und zugleich damit wieder Politik und Geschichte als offen zu denken, denn die Präsenz des Opfers umschreibt eine Leerstelle im Diskurs des Status quo, eine notwendig zu ergreifende Distanz zum Bestehenden.

Noch umfassender gesagt: Von Opfer zu sprechen zwingt, auf die Frage der Stimmen, der Schreie der Opfer zu verweisen, die – wenn möglich: solidarisch – gehört werden müssen. Eingedenk seiner Lage hat das Opfer ein Interesse daran, Bindung herzustellen, auch wenn diese kein Mitleid und kein Wohlwollen sein soll. Es offenbart sich mithin ein Widerstreit (Jean-François Lyotard, *Der Widerstreit*, 1983), ein Legitimitätskonflikt, der in einem hervorzubringenden Gemeinwesen verankert ist. Es gibt eine Dialektik des Opfers, die ermöglicht, vom Opfer zu Inseln der Solidarität überzugehen, von denen aus ein politisches Objekt wieder Sinn gewinnt. Fernab von dem Bestreben, trotz der Risse im Sozialkörper und jenseits der am Nutzen ausgerichteten Realisierungsmodi (die zur gegenwärtigen Stunde nicht durch die Aktionsprogramme verändert zu sein scheinen) die gesellschaftliche Einheit oder ein genuin politisches Gebäude zu schaffen, besteht die Möglichkeit, philosophisch daran zu arbeiten, um zu begreifen, wie Politik sich realisieren und sich von der Anerkennung der Opfer aus denken kann, um innerhalb einer wieder in Gang zu setzenden Geschichte ein anderes gemeinschaftliches Leben zu entfalten.

## *Schluß*
## *Überwindung der Gegenwart*

Alles in allem legt die politische Philosophie die Ausübung der Macht und der Politik offen. Sie deckt auf, daß Politik nicht darin besteht, die technische Lösung für ein technisches Problem zu finden, sondern darin, beständig die Verwirklichung von Gerechtigkeitsansprüchen ins Auge zu fassen. Folglich heißt über das Handeln zu philosophieren nach den von den Menschen errichteten Legitimitäten zu fragen, heißt versuchen, denjenigen das Wort zu geben, denen nur der Aufschrei bleibt, um etwas zu Gehör zu bringen.

Was die Philosophie auf diese Weise erfüllt, sollte jeder für sich selbst in Angriff nehmen können: jedwede Beziehung zum anderen zu desakralisieren, die Ausübung der Macht und der Gegenmächte innerhalb der Trennung der Gesellschaft in ihrer symbolischen wie prozeduralen Dimension zu denken, im Geschehen und den darin involvierten Legitimitäten Partei zu ergreifen, sich zu hüten, den Status quo als sakrosankt zu setzen.

Und notwendig bleibt in dieser Zeit der Herabsetzung und Verächtlichmachung der Politik auch weiterhin, sich stets wieder deren fortwährend neu bestimmtes Ziel bewußtzumachen.

In einem grundlegenden Sinn ist das menschliche Leben von Anfang bis Ende politisch. Es ist abhängig von der Existenz eines Gemeinwesens, nicht von einer beliebigen Zusammenballung von Menschenwesen. Von da aus ist es wichtig, daß jeder die Wirklichkeit dieser Beziehung erfaßt. Was notwendig darauf hinausläuft, will man sich nicht der Willkür beugen, ein Bewußtsein vom System der legitimen Gemeinschaft zu gewinnen. Auf dieser ersten Ebene schlägt die politische Philosophie die unermüdliche Prüfung der Form der zu errichtenden Gerechtigkeit vor, um niemals die Gerechtigkeit mit dem Willen zur Erhaltung der Macht zu verwechseln, mit der Garantie auf Sicherung des Platzes, den man im Gemeinwesen innehat.

Im übrigen steht keiner dem Politischen gleichgültig gegenüber. Ob man es will oder nicht: über Politisches wird immer gesprochen – und keineswegs nur zynisch: Meinungen über das Gemeinwesen werden ausgetauscht, darüber, »was geht« und was nicht; im Zuge öffentlicher Erfahrungen werden Überzeugungen geschmiedet; fertige Phrasen in bezug auf gegensätzlichste Situationen zirkulieren.

In einem weiteren Sinn ergibt sich neben der Klärung der Bedeutung der politischen Frage die Notwendigkeit, das Ziel oder den Sinn politischen Handelns zu bestimmen: Mit wem zusammen handeln? In Hinblick worauf? Im Namen wessen? In welchem Umkreis? Mit welcher Stärke? In welcher Form?

Nun, da unbestritten anerkannt ist, daß es absolut keine transzendente Garantie für das zu erreichende Gute gibt, bleiben vor unseren Augen nur noch nackte Kräfte, die sich nicht mehr willkürlich mit der Maske des Guten schmücken können. Soll deshalb jedes Beliebige hervorgebracht werden dürfen? Hier erneut könnte es die Rolle der politischen Philosophie sein, noch einmal auszusprechen, daß alle Dinge neuerlich zu diskutieren sind, daß die Politik noch zu erfinden ist, da die Geschichte nie zu ihrem Abschluß kommt.

Zeigen die Menschen mit ihrem Mut und ihrer Generosität nicht, daß das wahre Bestreben der Politik, das von den der gesellschaftlichen Trennung inhärenten Konflikten nicht zu trennen ist, darin besteht, ein Gemeinwesen mit Blick auf eine, wenn möglich, gerechtere und, da noch nicht existent, im Zuge kollektiven Handelns verheißene Sozialordnung zu entwerfen? Stellt dieses Handeln nicht ein genuin politisches Lehrstück dar, dafür, daß es notwendig ist, seine Singularität zu überwinden, den Gegner zu erkennen, zwischen Legalität und Legitimität zu unterscheiden?

Angesichts der Größe der Aufgabe schrecken einige zurück. Andere überlassen sich dem Glauben, daß die Philosophie zwar politisch sprechen mag, die Politik aber kaum der Philosophie bedarf. Diesen sei ins Gedächtnis geschrieben, daß die politische Philosophie ihre Stärke gerade aus der Idee zieht, daß über Dinge nachgedacht werden muß, die auch anders sein können, als sie sind. Auf einmal hat die Regel, die sich in diesem Bereich aufzwingt, die Kraft einer langen Geschichte für sich. Sie lautet: so weit wie möglich politische Konzepte in Umlauf bringen, die die Menschen von der Knechtschaft befreien.

Die Menschen leben in Gesellschaften, deren Funktion die Gestaltung der Beziehungen zwischen den Menschen ist und in denen die Politik die sozialen Beziehungen im Akt ihrer Inszenierung zugleich auch in eine momentane Ordnung bringt. Der Struktur der Gesellschaften liegt weder eine kosmische (die nach Verbesserung strebende griechische Polis) noch eine göttliche (der nach Erlösung strebende christliche Staat), weder eine rationale (die zum vollkommenen Gemeinwesen gewordene Demokratie) noch eine historische Harmonie (das erstrahlende Gemeinwesen) zugrunde; die Gesellschaften wurzeln vielmehr in Dissens und Differenz, die beitragen, unendliche Zukünfte entstehen zu lassen. Die Politik ist durchaus nicht im Unrecht, wenn sie Zusammenhalt zu wirken sucht. Doch kann sie dabei die Quellen von Divergenzen nicht aus der Welt schaffen.

## *Literatur*

Aristoteles, *Metaphysik*. Übers. von Hermann Bonitz. Reinbek bei Hamburg: Rowohlt, 1994
Aristoteles, *Politik*. Nach der Übers. von Franz Susemihl. Reinbek bei Hamburg: Rowohlt, 1994
Aristoteles, *Die Nikomachische Ethik*. Übers. von Olof Gigon. München: Deutscher Taschenbuch Verlag, $^6$1986
Aurelius Augustinus, *Vom Gottesstaat*. Aus dem Lateinischen übertr. von Wilhelm Thimme. München: Deutscher Taschenbuch Verlag, 1985
Cesare Beccaria, *Über Verbrechen und Strafen*. Übers. und hrsg. von Wilhelm Alff. Frankfurt am Main: Insel, 1988
Julien Benda, *Der Verrat der Intellektuellen*. Aus dem Französischen von Arthur Merin. München-Wien: Hanser, 1978
Jean Bodin, *Über den Staat*. Übers. von Gottfried Niedhart. Stuttgart: Reclam 1976
Cicero, *Über den Staat*. Übers. von Walther Sontheimer. Stuttgart: Reclam, 1987
Auguste Comte, *Rede über den Geist des Positivismus*. Übers., eingeleitet und hrsg. von Iring Fetscher. Hamburg: Felix Meiner, 1956
Condorcet, *Entwurf einer historischen Darstellung der Fortschritte des menschlichen Geistes*. Übers. von Wilhelm Alff in Zusammenarbeit mit Hermann Schweppenhäuser. Frankfurt am Main: Suhrkamp, 1976
Donald Davidson, *Handlung und Ereignis*. Übers. von Joachim Schulte. Frankfurt am Main: Suhrkamp, 1985
Ronald Dworkin, *Bürgerrechte ernstgenommen*. Übers. von Ursula Wolf. Frankfurt am Main: Suhrkamp, 1984
Michel Foucault, *Überwachen und Strafen. Die Geburt des Gefängnisses*. Übers. von Walter Seitter. Frankfurt am Main: Suhrkamp, 1976
Charles Fourier, *Theorie der vier Bewegungen und der allgemeinen Bestimmungen*. Deutsche Übertr. von Gertrud von Holshausen. Frankfurt am Main: Europäische Verlagsanstalt, 1966
Klaus J. Heinisch (Hrsg.), *Der utopische Staat: Thomas Morus, Utopia; Tommaso Campanella, Sonnenstaat; Francis Bacon, Neu-Atlantis*. Übers. von Klaus J. Heinisch. Reinbek bei Hamburg: Rowohlt, $^5$1968
Thomas Hobbes, *Leviathan oder Stoff, Form und Gewalt eines kirchlichen und bürgerlichen Staates*. Übers. von Walter Euchner. Frankfurt am Main: Suhrkamp, 1984
Etienne de La Boétié, *Von der freiwilligen Knechtschaft*. Unter Mitwirkung von Neithard Bulst übers. und hrsg. von Horst Günther, Frankfurt am Main: Europäische Verlagsanstalt, 1980
Claude Lévi-Strauss, *Traurige Tropen*. Übers. von Eva Moldenhauer. Frankfurt am Main: Suhrkamp, 1978

John Locke, *Zwei Abhandlungen über die Regierung*. Deutsche Übertr. von Hans Jörn Hoffmann. Frankfurt am Main: Europäische Verlagsanstalt, 1967

Jean-François Lyotard, *Der Widerstreit*. Übers. von Joseph Vogl. 2. korr. Auflage, München: Fink, 1989

- *Postmoderne für Kinder*. Aus dem Französischen von Dorothea Schmidt, unter Mitarbeit von Christiane Pries. Wien: Passagen Verlag, ²1996

Machiavelli, *Der Fürst*. Aus dem Italienischen von Friedrich von Oppeln-Bronikowski. Frankfurt am Main: Insel, 1990

Bernard Mandeville, *Die Bienenfabel oder Private Laster, öffentliche Vorteile*. Frankfurt am Main: Suhrkamp, 1968

Thomas Morus, *Utopia*. In der Übertr. von Hermann Kothe. Frankfurt am Main und Leipzig: Insel, 1992

Blaise Pascal, *Gedanken*. Übertr. von Wolfgang Rüttenauer. Bremen: Schünemann, ⁶1964

Platon, *Sämtliche Werke in zehn Bänden*. Frankfurt am Main: Insel, 1991.

John Rawls, *Eine Theorie der Gerechtigkeit*. Aus dem Amerikanischen von Hermann Vetter. Frankfurt am Main: Suhrkamp, 1975

Richard Rorty, *Der Spiegel der Natur. Eine Kritik der Philosophie*. Übers. von Michael Gebauer. Frankfurt am Main: Suhrkamp, 1981

Jean-Jacques Rousseau, *Der Gesellschaftsvertrag oder die Grundsätze des Staatsrechtes*. Übers. von H. Denhardt, Stuttgart: Reclam, 1966

Jean-Paul Sartre, *Kritik der dialektischen Vernunft*. Deutsch von Traugott König. Hamburg: Rowohlt, 1967

Emmanuel Sieyès, *Abhandlung über die Privilegien. Was ist der dritte Stand?* Hrsg. von Rolf Hellmut Foerster. Frankfurt am Main: Suhrkamp, 1968

Leo Strauss, *Über Tyrannis. Eine Interpretation von Xenophons »Hieron« mit einem Essay über »Tyrannis und Weisheit« von Alexandre Kojève*. Übers. von Marianne Regensburger, Kurt Weigand und Ernst Cahn. Neuwied und Berlin: Luchterhand, 1963

Alexis de Toqueville, *Über die Demokratie in Amerika*. Übers. von Rüdiger Volhard. Frankfurt am Main: Fischer, 1956

# Wagenbachs neue *Taschenbücher*

## Paolo Flores d'Arcais   *Die Linke und das Individuum*
*Ein politisches Pamphlet*
Eine Provokation: Warum darf sich die Linke nicht an der Zerstörung des Individuums durch die moderne Gesellschaft beteiligen?
Aus dem Italienischen von Roland H. Wiegenstein
WAT 283. Originalausgabe. 112 Seiten

## Attilio Brilli   *Als Reisen eine Kunst war*
*Vom Beginn des modernen Tourismus: Die ›Grand Tour‹*
Die Geschichte vom Beginn unserer Sehnsucht in die Ferne: Wie die ersten neugierigen Herren (später auch Damen) der Gesellschaft zur Bildungsreise aufbrechen, die natürlich im Kunstland Italien endet.
Aus dem Italienischen von Annette Kopetzki
WAT 274. Deutsche Erstausgabe. 224 Seiten mit zahlreichen Abbildungen

## Giampiero Carocci   *Kurze Geschichte des amerikanischen Bürgerkriegs*
*Der Einbruch der Industrie in das Kriegshandwerk*
Eine aktuelle, detailreiche und spannende Einführung in den ersten industrialisierten Krieg der Geschichte.
Aus dem Italienischen von Friederike Hausmann
WAT 281. Deutsche Erstausgabe. 160 Seiten mit vielen Abbildungen

## Stephen Greenblatt   *Wunderbare Besitztümer*
*Die Erfindung des Fremden: Reisende und Entdecker*
»Greenblatt stößt zu den Wurzeln des Fremdenhasses vor: wie aus höchstem Entdeckerglück niedrigste Mörderinstinkte wuchsen.«
Martin Doerry, Der Spiegel
Aus dem Englischen von Robin Cackett
WAT 296. 288 Seiten mit zahlreichen Abbildungen. (Januar 1998)

## Friederike Hausmann   *Kleine Geschichte Italiens*
*von 1943 bis heute*
»Ein handliches, ebenso sachkundiges wie lesbares Buch, das den Schlüssel zum Verständnis Italiens liefert.«   Hansjakob Stehle, Die Zeit
Aktualisierte Neuausgabe. WAT 288. 224 Seiten mit vielen Photos

## Alexandre Koyré   *Vergnügen bei Platon*
Alexandre Koyré bietet eine für junge Leser geschriebene Einführung in Platons Philosophie: Was ist Wahrheit? Warum Staat? Was ist Tugend?
Aus dem Französischen und mit einem Nachwort von Horst Günther
WAT 285. Deutsche Erstausgabe. 160 Seiten

3. Auflage, in neuer Ausstattung:

**Mireille Hadas-Lebel**  *Massada*
*Der Untergang des jüdischen Königreichs oder
die andere Geschichte von Herodes*
»Ein wundervolles Buch. Die Autorin macht den letzten Widerstand der Juden gegen Roms Legionen auf der Bergfestung Massada zum Knotenpunkt eines Panoramas, in dem der Ablauf von Jahrtausenden im Wechselspiel von Mythos und Historie transparent wird.«
Jakob Hessing, Frankfurter Allgemeine Zeitung
Aus dem Französischen von Hans Thill
WAT 294. 144 Seiten mit Abbildungen

**Brunello Mantelli**  *Kurze Geschichte des italienischen Faschismus*
Die einzige Geschichte des italienischen Faschismus auf dem deutschen Markt: von den Anfängen bis zum Fall.
Aus dem Italienischen von Alexandra Hausner
WAT 300. Deutsche Erstausgabe
192 Seiten mit vielen Abbildungen (Januar 1998)

**Iris Origo**  *»Im Namen Gottes und des Geschäfts«*
*Lebensbild eines toskanischen Kaufmanns der Frührenaissance*
»Iris Origo hat es verstanden, wissenschaftliche Akribie und Detailkenntnis mit fesselnder Lebensbeschreibung zu verbinden.«
Herfried Münkler, Frankfurter Allgemeine Zeitung
Aus dem Englischen und Italienischen von Uta-Elisabeth Trott
WAT 290. 504 Seiten mit erweitertem Bildteil

**Viviana Zarbo**  *Die wahre Geschichte des Wilden Westen*
Eine informationsreiche (und die einzig lieferbare) Geschichte der Indianer und Weißen zwischen 1860 und 1890, vom Mississippi bis zu den Rocky Mountains. Die Wirklichkeit der Cowboys, Sioux und Apachen und ihre Mythisierung zur Hollywood-Legende.
Aus dem Italienischen von Moshe Kahn
WAT 278. Deutsche Erstausgabe. 128 Seiten mit zahlreichen Abbildungen

Wenn Sie mehr über den Verlag und seine Bücher wissen möchten, schreiben Sie uns eine Postkarte. Wir schicken Ihnen gern die *ZWIEBEL*, unseren Westentaschenalmanach mit Lesetexten aus den Büchern, Fotos und Nachrichten aus dem Verlagskontor.
*Kostenlos, auf Lebenszeit!*

**Verlag Klaus Wagenbach, Ahornstraße 4, 10787 Berlin**